Éloge de l'anormalité

Du même auteur

Le Monde d'après. Une crise sans précédent (avec Gilles Finchelstein), Plon, coll. « Tribune libre », 2009; Hachette Littératures, coll. « Pluriel », 2009.
Révolutions, Plon, 2012.

Matthieu Pigasse

Éloge de l'anormalité

PLON
www.plon.fr

© Éditions Plon, un département d'Édi8, 2014
12, avenue d'Italie
75013 Paris
Tél. : 01 44 16 09 00
Fax : 01 44 16 09 01
www.plon.fr

ISBN : 978-2-259-21214-4

Le Code de la propriété intellectuelle interdit les copies ou reproductions destinées à une utilisation collective. Toute représentation ou reproduction intégrale ou partielle faite par quelque procédé que ce soit, sans le consentement de l'auteur ou de ses ayants cause, est illicite et constitue une contrefaçon sanctionnée par les articles L. 335-2 et suivants du Code de la propriété intellectuelle.

Introduction

Athènes, mars 2010. Je suis dans le bureau du Premier ministre grec, Georges Papandréou, quand il découvre que son pays est en faillite.

Avec sa population ruinée, son chômage galopant, sa société dévastée, ses extrémistes qui prospèrent, la Grèce est aujourd'hui ce que l'Europe tout entière sera demain si nos dirigeants persistent dans leur entêtement : une société cassée, sans espoir, épuisée par les cures d'austérité budgétaire, cette nouvelle barbarie à visage humain qui peut tout saccager.

L'histoire bégaie et se répète. L'un des derniers chanceliers allemands avant l'arrivée de Hitler au pouvoir, Heinrich Brüning, démis de ses fonctions en 1932, se félicitait déjà de remettre les comptes de l'Allemagne à l'équilibre. C'est son action, bien plus sûrement que l'hyperinflation, qui a favorisé l'ascension du parti nazi et de Hitler.

Éloge de l'anormalité

En 2014, que font les leaders d'Europe ? La même chose ! Et, sans assimiler les leçons du passé, ils attendent le retour de la croissance comme le paysan espère la pluie pour ses récoltes. Ils l'annoncent même régulièrement. En vain.

Parce que les ressorts de la croissance sont durablement cassés, rien ne sera possible sans une action déterminée. Une action indispensable pour en finir avec les cinq crises que nous traversons : économique en premier lieu, mais aussi financière, morale, sociale et politique. Cinq crises qui forment une crise totale. Les inégalités, déjà ravivées depuis la fin des années quatre-vingt, se trouvent encore aggravées par les effets de la récession. Les tensions sociales atteignent des niveaux sans précédent.

Mais, tandis que les coups de semonce se succèdent en Europe, les autorités sont incapables de donner une impulsion claire. L'Europe reste suspendue à toutes les hypothèses possibles. Alors que sa monnaie paraît menacée, que son unité bat de l'aile, elle est plus nécessaire que jamais. C'est dans la crise qu'il faut lui construire un dessein. Les scénarios du possible ne manquent pas. Encore faut-il avoir l'envie, le courage et la détermination de leur donner une réalité. Pendant la grande dépression des années trente, un dirigeant d'envergure avait su envisager des solutions

Introduction

inédites, à la hauteur des enjeux. Où est, aujourd'hui, le Roosevelt de ce début de siècle ? Telle une cordée d'alpinistes qui dévissent, les chefs d'État et de gouvernement européens ont lâché prise, chutent en gesticulant, sans coordination ni efficacité.

Ils ont en réalité perdu tout repère et toute référence idéologique. Le monde a changé : il est global, ouvert, instantané et immédiat, mobile. Ils n'ont pas changé avec le monde. Ils le connaissent peu et ne le comprennent plus. Les vieilles grilles de lecture apparaissent désormais inopérantes. La crise est d'abord une crise du politique et du leadership.

La France en est une illustration : devenu banal, normal, parfois médiocre, le politique s'est désacralisé. Il a perdu la profondeur qui était la sienne, son sens de la grandeur et de l'histoire. Il s'est soumis à la bureaucratie, nationale ou européenne, est devenu prisonnier de raisonnements du passé. Son seul objectif est de se maintenir. Il n'est plus un modèle, mais un parmi tous les autres.

Nous avons aujourd'hui la normalité pour seule proposition. Elle étouffe, banalise, nivelle et rejette tout ce qui est autre et différent. Elle paralyse tant elle s'oppose à l'action, au risque, au courage. Elle est renoncement et soumission à l'ordre établi.

Éloge de l'anormalité

« Les normaux sont les seuls disposés à laisser les choses en l'État, écrivait Cioran dans *Histoire et Utopie*; ils se bornent au présent et s'y installent sans regrets ni espérances. »

Nous avons passé un siècle à préparer la Révolution et un siècle à la répandre à travers le monde. Nous sommes entrés dans le siècle où nous risquons de la défaire. Une nation, pour vivre, doit croire et vouloir. Croire en des valeurs – la liberté, l'égalité, le progrès, le bonheur. Vouloir les partager et les porter haut et loin, vers un meilleur possible. Nous avions touché le monde par nos idées, nos combats, notre foi. Aujourd'hui nous doutons d'un monde qui ne nous considère plus, et nous ne croyons plus en nous-mêmes. Acquis, nos idéaux se sont usés et ont perdu de leur sens. Il n'y a plus rien qui nous dépasse que nous cherchons à atteindre. C'est le doute qui l'emporte, l'ennui, le dégoût de soi et le rejet de l'autre.

Nous sommes devenus une société petite-bourgeoise qui, après avoir tant donné aux autres, se replie sur elle-même, épuisée, pour préserver ce qui lui reste, ses acquis, ses rentes, ses privilèges. « Tu as construit ta paix à force d'aveugler de ciment [...] toutes les échappées vers la lumière Tu t'es roulé en boule dans ta sécurité bourgeoise, tes routines, les rites étouffants [...] la glaise dont tu es formé a séché et s'est durcie » (Saint-Exupéry, *Terre des hommes*)

Introduction

Face à la trahison de ses élites, protégeant leurs droits mais refusant d'assumer leurs devoirs, face à l'incapacité coupable de ses politiques, centrés sur eux-mêmes et ignorants du monde, impuissante désormais à assurer le bien-être collectif, c'est la démocratie elle-même qui est en péril. La montée des extrémismes politiques semble irrésistible. Le fanatisme religieux et le communautarisme identitaire sont les totalitarismes du XXIe siècle. Ils jouent avec les peurs et l'absence d'avenir, se nourrissent de la jalousie, de la lâcheté, du ressentiment.

Ce livre est le produit tout à la fois de mon expérience de conseil aux gouvernements à travers le monde et des crises que j'ai vécues dans ce cadre – en Argentine, en Grèce, à Chypre ou ailleurs –, de mon activité de conseil auprès notamment des grandes entreprises françaises et internationales, de mes dix années passées comme fonctionnaire et membre de cabinet au ministère des Finances, et enfin de mon expérience de simple citoyen.

Nous sommes aujourd'hui dans une impasse, avec des systèmes démocratiques à bout de souffle et menacés. Il faut inventer quelque chose de neuf, tracer un nouvel horizon. Il est possible de faire plus et mieux. Sans dommage. Sans drame. Sans larmes. Maintenant.

C'est pour cela que nous devons combattre et réagir. Ici et maintenant. Entre l'audace et

Éloge de l'anormalité

l'enlisement, il est temps de changer d'orientation. Les gouvernements, résignés, ont choisi d'être des observateurs et non des acteurs. Ils subissent, espèrent parfois, attendent toujours, sans jamais agir vraiment. Le manque d'efficacité des politiques publiques, l'improvisation qu'on maquille en pragmatisme, l'absence de dessein collectif en sont autant d'illustrations. Refuser de sortir du cadre, d'innover, d'oser, c'est pourtant se condamner à une faillite sans précédent. C'est ruiner toutes les chances qui se présentent à nous, tous les défis qui valent d'être relevés.

Pour être grand, un peuple doit embrasser l'infini. Il doit renouer avec l'aventure et le désir de grandeur. Il doit s'appuyer sur sa jeunesse. Il a besoin de rêves et de frissons.

Il est temps de renouer avec l'exceptionnel, de tracer un nouvel horizon, de définir un nouveau champ des possibles.

Il est temps de rêver de nouveau…

PREMIÈRE PARTIE

La faillite du politique

En ce début de siècle, dans un contexte marqué successivement par l'effondrement des idéologies communiste puis libérale, de la chute du mur de Berlin à celle de Lehman Brothers, le rôle d'un gouvernement peut se résumer à trois missions centrales :
– la fourniture des biens et services publics essentiels, comme l'éducation, la santé, la sécurité, les infrastructures ;
– la régulation efficace de la société, qui consiste à assurer sa cohésion par la solidarité, à définir et sanctionner les comportements illégaux, et à intervenir en cas de crise grave et de défaillance de marché comme lors d'une crise financière ;
– la mise en place d'incitations qui encouragent chacun à agir dans le sens de l'intérêt général et du plus grand nombre.

Ces trois missions sont au cœur de ce que doit être aujourd'hui l'action des gouvernements pour

Éloge de l'anormalité

assurer le bien commun. Elles sont d'autant plus importantes qu'une compétition intense, aux conséquences économiques et sociales majeures, prévaut entre les grandes civilisations dans le monde, lesquelles se retrouvent pour la première fois sur un pied d'égalité et non plus de domination de l'une sur les autres.

Or, sur chacune de ces trois missions, les Européens ont failli. La faillite du politique est précisément l'incapacité actuelle des dirigeants européens à remplir ces missions qui sont les leurs.

Nous pourrions multiplier les exemples de cette incompétence coupable. Mais un seul suffira pour chacune de ces missions.

La fourniture de biens publics essentiels ? Le niveau d'éducation des jeunes Européens recule constamment, en raison d'un sous-investissement continu dans ce domaine. L'indicateur PISA de l'OCDE, qui mesure l'efficacité comparée des systèmes éducatifs, montre ainsi que les seuls pays au monde dans lesquels les acquis des élèves régressent au cours des dix dernières années sont les pays européens, et que l'écart s'accroît avec le reste du monde, particulièrement l'Asie, dont le niveau progresse. Un seul pays européen se situe au-dessus de la moyenne de l'OCDE : les Pays-Bas. Il s'agit là d'un indicateur méconnu et pourtant majeur, car l'éducation est la clé de la compétitivité et de la croissance de demain.

La faillite du politique

La régulation efficace ? Le contre-exemple le plus flagrant nous est fourni par la gestion de la crise de la zone euro. Gestion, le terme est impropre. Les dirigeants européens ont fait à cette occasion la démonstration de leur incapacité : ils n'ont pas compris les mécanismes à l'œuvre dans la crise et n'ont jamais adopté les mesures nécessaires, prisonniers de raisonnements datés et rigides, au contraire des États-Unis qui, pragmatiques, ont su voler au secours de leur industrie automobile ou bancaire pour empêcher leur naufrage.

La mise en place d'incitations positives ? L'entrepreneuriat, facteur de croissance et d'emploi, symbole du risque face à la rente, est en France à la fois déconsidéré dans les mots et pénalisé dans les faits. Toutes les incitations mises en place sont négatives, à l'exact opposé de ce qu'il faudrait faire.

Cette faillite du politique est un phénomène nouveau, aux conséquences potentiellement dramatiques. Elle révèle en effet une crise sans précédent des modèles démocratiques eux-mêmes. Nos démocraties sont épuisées, à bout de souffle. Elles courent un double risque mortel : une remise en cause interne, par la montée des extrêmes ; une marginalisation externe, à l'échelle du monde, face à l'émergence d'autres modèles. Je me souviens de ce dîner de juin 2012 à Libreville avec le président du Fonds souverain chinois, China

Éloge de l'anormalité

Investment Corporation, m'expliquant que ce qui avait perdu la Grèce de Périclès, la démocratie, perdrait de nouveau bientôt l'Europe.

Politiques à courte vue

Cela doit conduire à nous interroger sur l'efficacité de notre organisation politique et sur les raisons majeures qui expliquent la crise actuelle.

La contraction des cycles politiques et électoraux, tout d'abord, se révèle extrêmement perverse. Partout en Europe, la tendance de ces dernières années a été de raccourcir la durée des mandats politiques et d'accroître la fréquence des élections. En France, le mandat présidentiel est passé de sept à cinq ans, si bien que les cycles politiques sont désormais plus courts que les cycles économiques. Les dirigeants élus ne peuvent agir dans la durée et en profondeur comme ils le devraient. Non seulement ils n'en ont pas le temps, mais en plus la proximité des élections suivantes ne les incite pas à prendre des risques pour mener à bien les réformes nécessaires. Ils privilégient au contraire les mesures à court terme, électoralistes, populaires et parfois populistes. Voilà qui explique, au moins partiellement, la dégringolade française dans le classement PISA. L'investissement dans l'éducation, effort de long terme, est délaissé au profit des transferts sociaux, qui augmentent ainsi continûment car ils rapportent des

La faillite du politique

voix à court terme. La préférence pour le présent explique également l'explosion de la dette et les déficits au cours des dix dernières années.

La professionnalisation du personnel politique, ensuite, épuise la démocratie. Aujourd'hui, on naît et meurt politique. On ne le devient plus, fort d'expériences antérieures ou porté par un destin. Dès 1919, dans *Le Savant et le Politique*, Max Weber distinguait deux types de dirigeants, ceux qui vivent « de » la politique et ceux qui vivent « pour » la politique. Ceux qui vivent de la politique y font carrière et en dépendent financièrement. Ils sont aujourd'hui très largement dominants en Europe comme aux États-Unis. C'est, en France, le triomphe de la République des attachés parlementaires. Ceux-ci forment une nouvelle caste, qui tourne sur elle-même. Ils n'ont ni connaissance ni pratique du monde qui les entoure. Ils ont pour seule ambition de durer et pour seul bagage l'art du compromis. La politique est pour eux un métier, et non un dessein. L'objectif est de prendre le pouvoir et de s'y maintenir, et non de l'exercer pour changer le monde. Cette professionnalisation de la politique conduit à l'émergence de dirigeants qui ne comprennent pas les mécanismes à l'œuvre dans un monde qui s'est complexifié et technicisé, et qui se révèlent incapables de prendre les mesures nécessaires. C'est ce qui explique notamment que la crise de la zone euro n'en finit

Éloge de l'anormalité

plus de durer. C'est aussi la raison pour laquelle un objectif affiché par des politiques peut être totalement vidé de sa substance lorsqu'il est mis en œuvre, sans même que ses promoteurs en aient conscience... comme cela a été le cas en France avec la loi de séparation des activités bancaires. adoptée après des propos définitifs sur la finance mais (télé)guidée par cette même finance.

Ces professionnels de la politique, agrippés à leur mandat, refusent enfin d'affronter l'opinion publique, d'aller au-devant d'elle. Ils la suivent et ne la devancent plus. Ils la flattent et ne l'orientent plus. Cette désertion conduit au règne des sondages et au culte de la pensée dominante. Les dirigeants alimentent ainsi le populisme et menacent sans s'en rendre compte le fondement même de nos sociétés démocratiques. Il s'agit là d'un risque majeur. Soit nous choisissons de nous mobiliser dans l'espoir d'un changement possible, d'un monde meilleur, soit nous serons réduits à nous unir par la peur. Voilà l'alternative à laquelle sont confrontées les démocraties telles que nous les connaissons. La politique doit être une vocation, pas un métier. Elle repose sur le dévouement ultime à une cause, la connaissance du monde et le sens de l'histoire, l'exemplarité et le courage, un souffle et une vision, de la profondeur et de la densité.

L'illustration parfaite de ce délitement du politique est la grande crise de 2007. Il ne s'agit pas

La faillite du politique

d'une simple crise économique et financière, mais de la faillite d'un modèle de gouvernance. Ce sont des politiques délibérées, court-termistes et populistes, qui ont conduit à l'effondrement du système. Ces politiques avaient pour objet de masquer l'absence de croissance depuis les années quatre-vingt et d'entretenir l'illusion de richesse. Elles laissaient croire à chacun qu'il pouvait devenir propriétaire de son logement, posséder deux voitures et trois télévisions. Rappelons-nous du discours de campagne de Nicolas Sarkozy en janvier 2007 : « Je propose que l'on fasse de la France un pays de propriétaires parce que, lorsque l'on a accédé à la propriété, on est moins vulnérable aux accidents de la vie. » Le candidat appelait au développement de subprimes à la française, le crédit hypothécaire, six mois avant le déclenchement de la crise hypothécaire. Les gouvernements ont délibérément encouragé le recours à la dette pour améliorer artificiellement la croissance, comme un sportif malade ou fatigué se dope à la veille d'une compétition pour améliorer sa performance. Ce sont ces mêmes politiques qui ont conduit au creusement des déficits, au sous-investissement chronique dans l'éducation et à la baisse de la productivité. Parce que seul le présent comptait. Et sans que les gouvernements en mesurent ni en maîtrisent les conséquences et les effets à terme.

Comme Frankenstein a échappé à son créateur, ces politiques ont conduit au désastre.

Le laboratoire grec

La Grèce est le laboratoire vivant de l'Europe. Son malade au stade le plus avancé. Son cobaye, en quelque sorte. La dislocation de l'économie grecque depuis la crise et les mesures d'austérité imposées par la communauté internationale est impressionnante. En trois ans, les salaires ont baissé de 35 à 40 %, les retraites et les allocations chômage ont été réduites de 25 %, le chômage touche plus d'un quart de la population et plus de la moitié des jeunes, la consommation a été divisée par trois et l'épargne des ménages divisée par cinq, l'investissement des entreprises a baissé de 60 %. C'est tout un pays qui s'effondre et une société qui se désagrège. Sans espoir de rétablissement rapide.

Une société dévastée

Au total, si l'on ajoute le poids de la fiscalité, le pouvoir d'achat des Grecs a chuté de plus de moitié en moins de trois ans. Il en résulte un

Éloge de l'anormalité

accroissement sans précédent de la pauvreté. Si l'on retient les chiffres officiels, ce sont un peu plus de 20 % de la population qui vivent sous le seuil de pauvreté, défini comme la part de la population vivant avec moins de 60 % du revenu médian. Mais, en réalité, ce sont près de 45 % de la population qui vivent aujourd'hui sous le seuil de pauvreté, dont 15 % sous le seuil d'extrême pauvreté, si l'on retient le salaire médian de 2009, c'est-à-dire d'avant crise. Depuis cette date, comme nous l'avons vu, ce salaire médian a chuté de plus d'un tiers... 45 % de pauvres aujourd'hui selon les définitions officielles, contre 7 % en 2009.

Devant la mairie d'Athènes, de longues files d'attente se dessinent deux fois par jour, pour accéder aux repas gratuits. On y trouve beaucoup de « néo-pauvres », ces anciens cadres devenus chômeurs qui n'ont plus droit, au bout d'un an, à la moindre allocation chômage. Ils ont encore en main leur smartphone, vestige de leur vie passée, mais ne disposent plus d'un euro en poche. L'Europe entière se souvient de ces images tournées en février 2013 devant le ministère de l'Agriculture. Des paysans en colère avaient apporté des fruits et des légumes pour les distribuer gratuitement aux citadins. Des centaines de mains se tendaient pour essayer de récupérer un sac de pommes de terre. Et le partage a tourné à l'émeute.

Le nombre de sans-abri a explosé. Ils sont 25 % de plus aujourd'hui qu'en 2009. Ceux-ci n'ont rien

La faillite du politique

de marginaux structurellement désocialisés. La plupart d'entre eux ont été expulsés de leur maison parce que, chômeurs, ils ne parvenaient plus à payer leur loyer ou les traites de leur emprunt. Avant la crise, ils appartenaient à la classe moyenne.

Cette classe moyenne se délite chaque jour un peu plus. La société grecque n'a plus grand-chose à voir avec la fameuse toupie de Mendras, où les riches et les pauvres sont en faible nombre et où la classe moyenne, en son centre, est la plus importante. Il y a aujourd'hui d'une part les armateurs, ultra-minoritaires et ultra-riches, mondialisés, donc épargnés par la crise et, d'autre part, à l'extrême opposé, un nombre écrasant de citoyens en voie de paupérisation, dont tous les repères ont explosé.

Le boulevard des extrêmes

La traduction politique de ce drame est simple : les partis modérés se sont effondrés, les extrêmes prospèrent. Elle s'est manifestée lors des élections législatives de mai 2012. Le PASOK, le parti social démocrate de Georges Papandréou, qui détenait la majorité absolue depuis 2009 et qui avait dirigé la Grèce seize années au cours des vingt dernières années (depuis 1993), s'est effondré. De 44 % des voix aux élections de 2009, il a chuté à 13 % en 2012 et, après avoir touché un plus bas à 6 %, n'est plus crédité que d'environ 10 % des intentions de vote. Grandeur et décadence. De parti majoritaire,

Éloge de l'anormalité

au cœur de la vie politique grecque, le PASOK est désormais un parti politique marginal.

Les conservateurs, regroupés au sein de l'alliance Nouvelle Démocratie et qui forment l'autre parti modéré, n'ont pas profité de cet effondrement. Ils ont obtenu moins de 30 % des voix aux législatives du printemps 2012, soit bien moins que la majorité absolue. Si des élections avaient lieu aujourd'hui, ils ne totaliseraient plus que 15 % des voix.

Ce sont les extrêmes qui ont prospéré. Le parti néonazi Aube dorée, dont l'étendard s'inspire de la croix gammée et dont les dirigeants pratiquent publiquement le salut nazi, a fait une entrée triomphale dans l'hémicycle à l'issue des législatives de 2012. Cette formation, qui met en évidence dans les locaux de son siège des exemplaires de *Mein Kampf*, est aujourd'hui la troisième force politique du pays devant le PASOK. Sa doctrine, qui rejette la démocratie, est celle de tous les partis d'extrême droite depuis le début du XXe siècle. Elle repose sur l'anticapitalisme, l'anticosmopolitisme et l'anti-intellectualisme. Elle exalte le nationalisme, le racisme, le militarisme, et développe un culte de la puissance et de la force. Bref, un vrai parti fasciste comme l'Europe les a déjà connus. Aube dorée s'évertue à occuper l'espace social laissé en jachère par un État défaillant. Son discours joue sur la peur, stigmatise les étrangers et dresse les habitants les uns contre les autres. Ses militants protègent ceux

La faillite du politique

qui correspondent à leurs critères, raciaux ou religieux, et menacent ou agressent les autres. Les responsables locaux forment ainsi des patrouilles chargées de « protéger les Blancs » et d'accompagner les personnes âgées quand elles vont retirer de l'argent à la banque. Ils organisent des collectes de nourriture et de vêtements pour les plus démunis. Paranoïa et « solidarité raciale » : c'est la formule appliquée, au quotidien, avec succès. Ce discours de haine fait des émules, notamment chez les jeunes, jusqu'aux pires débordements. En janvier 2013, un immigré pakistanais, Shehzad Luqman, était poignardé dans une rue du quartier Petrálona à Athènes par des militants d'Aube dorée. Huit mois plus tard, c'est le rappeur Pávlos Fýssas, engagé dans la lutte antifasciste et sympathisant d'un parti d'extrême gauche, qui était assassiné...

La première force politique du pays est désormais la coalition de la gauche radicale, Syriza, sorte de Front de gauche grec. Elle a obtenu près de 17 % des voix en 2012, mais convaincrait aujourd'hui près de 25 % des électeurs. On peut comprendre que son programme séduise les plus déboussolés, et ils sont nombreux. Dans un grand élan de démagogie, Syriza propose tout simplement de raser gratis : hausse des salaires, baisse de la TVA sur les produits de première nécessité, nationalisation des banques, punition des « méchants » (déchéance de nationalité de ceux qui ne paient pas d'impôts en Grèce, par exemple), suppression de l'immunité ministérielle... Bref, un bon coup de balai mais aucune mesure structurante pour le pays. Se revendiquant du « postmatérialisme », Syriza appartient à la gauche radicale. Son emblème réunit ainsi le drapeau rouge de la lutte de classe, le drapeau vert des mouvements écologistes et le drapeau violet du mouvement antipatriarcat. Son discours présente des points d'intersection avec l'extrême droite, notamment l'anticapitalisme, le rejet de l'Europe et le populisme.

Les extrêmes, en Grèce, ne sont pas loin de représenter un électeur sur deux.

La crise qui tue

Dévastatrice politiquement, la déflagration l'est également sur le front économique et social. Elle est violente jusque dans ses conséquences les plus concrètes, avec par exemple une explosion des suicides. Ceux-ci ont ainsi augmenté de plus de 100 % depuis 2010, et la plupart d'entre eux, selon le ministre de la Santé lui-même, sont imputables à la crise économique. Une telle explosion dans un laps de temps aussi court est un record absolu depuis qu'un recensement des suicides a été mis en place par l'Organisation mondiale de la santé (OMS) il y a cinquante ans.

Si la Grèce est en première ligne, elle n'est pas le seul pays à connaître une recrudescence des suicides. En avril 2013, deux suicides emblématiques de la situation européenne étaient rapportés dans la ville de Civitanova Marche, sur la côte adriatique en Italie. Un couple déjà âgé, Anna-Maria, 68 ans, et Romeo, 62 ans, se débattait pour survivre avec les 500 euros de pension de l'épouse. En vain. Au fil des mesures d'austérité décidées par le gouvernement Monti, l'âge de la retraite a été relevé. Pourquoi pas ? C'est la rançon d'une espérance de vie en augmentation constante. Mais la mesure concerne aussi des personnes déjà sorties du marché du travail, sans toutefois atteindre le nouveau seuil nécessaire pour percevoir une indemnisation. Romeo Dionisi faisait donc partie des *esodati*, ces travailleurs âgés plongés dans la pauvreté sans filet de sécurité. Le 5 avril 2013, le couple Dionisi a laissé un mot sur le capot de la voiture de son voisin avant de se pendre dans la remise de son pavillon.

La corrélation entre chômage et suicide est démontrée depuis longtemps : les demandeurs d'emploi ont deux fois plus de risques que la moyenne d'attenter à leurs jours. Aux États-Unis, le taux de suicide, resté à peu près stable depuis le début des années 2000, a explosé en 2010. Pour la première fois, le nombre de morts par suicide a dépassé celui des décès consécutifs à un accident de la route. La Grèce affichait le plus bas taux de suicide de toute l'Union européenne avant la crise. Ce taux a doublé depuis. Tout comme le nombre d'homicides, le nombre de vols ou le taux de prévalence du sida sous l'effet conjugué de la consommation de drogues parmi les jeunes et de la diminution drastique du budget consacré à la prévention. L'augmentation de la pauvreté et l'accroissement brutal des inégalités s'accompagnent d'un manque d'accès aux services sociaux et aux soins, dans un contexte où les budgets des hôpitaux publics ont été réduits de 40 %. C'est dans ce cadre qu'un expert de l'ONU a pu parler de « crise humanitaire » et d'« atteintes aux droits de l'homme » engendrés par l'austérité en Grèce.

« Le danger réel pour la santé publique n'est pas la récession en tant que telle, mais l'austérité », expliquent David Stuckler et Sanjay Basu, respectivement professeurs de santé publique à Oxford et à l'université de Stanford. Quand les filets de sécurité mis en place par la protection sociale sont sabrés, un choc tel que la perte d'un emploi peut se transformer en problème de santé aigu. Ces chercheurs ont montré que les taux de mortalité et de suicide n'avaient pas augmenté en Islande, par exemple, pays qui n'a pas coupé dans ses dépenses de santé.

L'incapacité des politiques

La crise grecque et surtout les conséquences de la cure d'austérité que le pays doit subir ont révélé l'incompréhension des politiques devant la crise et leur irresponsabilité devant les remèdes qu'il

La faillite du politique

convient de lui apporter. Elle est le symbole même de leur incapacité. Aveuglés par leur libéralisme, marqués par des analyses historiquement datées, incapables de se remettre en question et de s'adapter à un environnement nouveau, les politiques n'ont eu qu'une réponse, une seule, jusqu'à l'obsession : l'équilibre budgétaire, et l'austérité qui en découle. Sans pouvoir justifier le pourquoi, sans avoir réfléchi sur le comment, sans en avoir mesuré les conséquences. L'Europe s'est soumise au FMI, lui-même soumis à des technocrates sans vision. L'austérité aura eu une conséquence dramatique, la récession, et une vertu, faire revivre une réalité oubliée depuis longtemps : le multiplicateur keynésien, c'est-à-dire le lien entre l'évolution des déficits publics et l'activité économique. En Grèce, ce multiplicateur a été supérieur à 2. Autrement dit, une diminution de 1 % du PIB des dépenses publiques entraîne une baisse du PIB lui-même supérieure à 2 %. Concrètement, l'ajustement budgétaire de 6 à 7 % réclamé à la Grèce sur une année a ainsi entraîné une baisse de plus de 15 % de son PIB. CQFD !

Non seulement l'Europe et le FMI avaient oublié cette règle élémentaire, mais ils se sont en plus entêtés dans leur erreur, créant ainsi un cercle vicieux et une spirale récessive. Il est évident en effet que plus le PIB s'effondre, plus le taux d'endettement en pourcentage du PIB augmente. Dit autrement, une dette pourtant stable verra sa proportion mécaniquement augmenter lorsque le PIB s'effondre, puisque cette proportion est calculée par rapport à ce même PIB. Plus son dénominateur diminue, plus une fraction augmente, c'est de l'arithmétique élémentaire. Il est donc inévitable qu'un pays en cure d'austérité voie son taux d'endettement s'envoler.

C'est le cas de la Grèce. Ce qui nous apparaît évident, ce qui apparaissait alors évident dans les rues des villes de Grèce, ne l'était ni pour les prétendus experts ni pour les responsables politiques européens. J'ai vécu des réunions où ces experts et ces politiques se scandalisaient de l'augmentation de la dette grecque en pourcentage du PIB, la jugeaient inacceptable et l'expliquaient par l'irresponsabilité et la passivité des Grecs, sans voir ni comprendre que c'était le PIB lui-même qui s'effondrait. Ils imposaient alors de nouvelles mesures d'austérité, se traduisant par une récession encore plus forte et une nouvelle chute du PIB, conduisant à leur tour à une nouvelle hausse de la dette en pourcentage du PIB, puis elle-même à de nouvelles mesures d'austérité...

Le *mea culpa* du FMI en juin 2013, évoquant des « échecs notables » dans le premier plan de sauvetage de la Grèce élaboré en 2010, apparaît aussi tardif qu'insuffisant. Il souligne certes le rôle de prévisions de croissance exagérément optimistes et les dissensions avec les deux autres partenaires de la « Troïka », l'Union européenne et la Banque centrale européenne. Mais à aucun moment le FMI ne relie cet échec à son aveuglement idéologique, à ses erreurs de raisonnement et à la baisse dramatique du PIB qui rend l'endettement insoutenable. Depuis le début de la crise grecque, le FMI tout comme ses deux partenaires de la Troïka n'a pourtant jamais cessé de sous-estimer les dégâts causés par l'austérité imposée à Athènes. Le FMI avait initialement projeté que le PIB grec chuterait de 5,5 % entre 2009 et 2012. Ce fut plus du triple : 17 % de diminution. Il avait, de même, estimé un taux de chômage de 15 % en 2012. Ce fut 25 %.

Ces experts qui se sont trompés avec acharnement expliquent aujourd'hui qu'un adoucissement de l'austérité exigée d'Athènes aurait certes limité la contraction économique, mais qu'une telle option était politiquement inenvisageable, parce qu'elle aurait exigé de débloquer des aides supplémentaires.

Cela s'appelle la solidarité...

La Grèce comme symptôme

Croire que la Grèce est un malade contagieux qu'il suffit de mettre en quarantaine, comme l'ont fait spontanément beaucoup (trop) de dirigeants européens, est une grave erreur d'analyse. La Grèce était simplement le maillon le plus faible, le moins immunisé. C'est donc le premier pays à être tombé au champ d'honneur de la dette et de

Éloge de l'anormalité

l'austérité budgétaire. Nous sommes tous frappés des mêmes symptômes, mais nous ne le savons pas encore. Isoler la Grèce ne servirait à rien Les maux qui la touchent aujourd'hui seront les nôtres demain. Les remèdes seront également les mêmes pour nous demain. Ils seront pires que le mal lui-même. Nous avons toutes les raisons d'être inquiets. Car comment ne pas être frappés par l'aveuglement des dirigeants européens? Ils ont tardé à réagir quand la crise a éclaté, ne comprenant pas ce qui se passait sous leurs yeux et sous-estimant gravement les risques de la situation; ils se sont trompés de diagnostic, confondant crise de liquidité et de solvabilité, ne voyant pas que c'était la survie même de l'État grec qui était en jeu et pensant qu'il suffisait de lui faire l'aumône d'un côté et de le punir de l'autre; ils se sont trompés sur les solutions à mettre en œuvre – la seule façon de rétablir la solvabilité était en réalité d'annuler, rapidement, une partie de sa dette.

C'est l'autre grand symptôme que révèle la crise : la perte de repère des dirigeants politiques européens, leur incapacité à comprendre et à gérer la crise, leur soumission à l'ordre technocratique.

Le règlement de la crise chypriote début 2013 est à cet égard édifiant.

La farce chypriote

La crise qui s'est emparée de Chypre et qui a saisi le reste du monde au début de l'année 2013 est un cas d'école de tout ce qu'il ne faut pas faire. Il s'agit d'un petit sujet par la taille, mais d'un événement considérable par l'ampleur de ce qu'il révèle. Avec 10 milliards d'euros, soit l'équivalent d'un petit coup d'extincteur pour l'Europe, le feu aurait pu être maîtrisé immédiatement et la crise étouffée. Au lieu de cela, l'Europe s'est déconsidérée et déshonorée. Elle a vécu un véritable Diên Biên Phu politique et financier : elle s'est placée, seule, au fond d'une cuvette, et a subi sans discontinuer, sans pouvoir bouger ni se protéger, les tirs des marchés financiers. Jusqu'à ce qu'elle cède. Sur tout et en reniant tous ses principes.

La contagion grecque

Cette crise était pourtant annoncée. Elle aurait dû être anticipée. Dès le printemps 2012, soit un an avant son déclenchement, les conditions de

Éloge de l'anormalité

température et de pression qui s'exercent sur le pays sont connues. Un simple chiffre suffit : le bilan des banques chypriotes représente 850 % du PIB du pays. Ce qui signifie que la taille des banques – le montant des risques pris par celles-ci – est 8,5 fois supérieure à la richesse du pays lui-même. Chypre a en effet attiré de nombreux capitaux étrangers, notamment russes, grâce à une faible imposition et à la multiplication des exonérations fiscales. Ces capitaux sont à leur tour investis par les banques chypriotes : que ces investissements présentent des risques soudainement insoutenables, et c'est le drame ; que ces capitaux se retirent soudainement, et c'est un drame supplémentaire. L'équation est la même qu'en Islande ou en Irlande quelques années auparavant.

Le déclencheur est bien sûr la crise grecque. Quarante-cinq pour cent du bilan des banques chypriotes est en effet constitué d'actifs grecs : d'un côté des prêts faits à l'économie grecque, de l'autre des titres de dette publique émis par la Grèce et achetés par les banques chypriotes comme produits de placement. Elles perdront sur les deux tableaux. Pas la peine d'être un grand économiste ou un virtuose des mathématiques pour comprendre que la crise grecque est un poison mortel pour Chypre. D'une part, les prêts consentis au secteur privé grec font l'objet de défauts de remboursement massifs. D'autre part, à la suite de la restructuration de la dette publique, les titres émis par Athènes ont subi une décote, une perte de valeur, d'environ 75 %. Le compte à rebours est enclenché. L'étincelle sera la dégradation de la dette de Chypre par les agences de notation, qui conduira la Banque centrale européenne à ne plus accepter à son bilan les titres obligataires chypriotes car trop risqués. Les banques chypriotes ne peuvent plus se financer et ne sont plus solvables. Leur taille est telle qu'elles entraînent dans leur chute le pays lui-même. La bulle financière est en train d'exploser.

En février 2013, au lendemain de l'élection du nouveau Président chypriote, Nicos Anastasiades, l'Europe ressemble à un lapin pris dans les phares d'une voiture : elle perçoit enfin le danger, mais ne parvient pas à l'identifier précisément et est incapable de mesurer la vitesse à laquelle la déflagration va se produire. Elle va se produire vite et violemment.

En moins de deux semaines de décisions hasardeuses, l'Europe se reniera trois fois : en piétinant ses règles et principes, en revenant sur ses décisions, en improvisant constamment.

La confiscation

Que réclame d'emblée l'Union européenne pour porter secours à Chypre ? Faire payer les déposants. Tous. Sans doute pour faire d'abord payer les riches déposants russes. Mais c'est une remise en cause inédite du droit de propriété dans

Éloge de l'anormalité

l'histoire des sociétés démocratiques. C'est une violation des principes mêmes de l'Union européenne. Et c'est l'exact contraire de ce qu'il faudrait faire. Au-delà de ce qu'elle a d'infiniment choquant, cette exigence, que le Parlement chypriote refuse avec raison sous la pression de la rue, signe l'impotence des dirigeants européens.

Elle montre une nouvelle fois leur soumission aux technocrates et leur incapacité à comprendre les mesures qui leur sont soumises – ou imposées – par ceux qui sont censés les servir. Cette mesure a été proposée et exprimée pour la première fois publiquement par un membre du directoire de la Banque centrale européenne, ancien fonctionnaire français. Elle a été immédiatement reprise par les différents directeurs du Trésor nationaux, au nom d'une logique punitive et parce qu'ils refusaient de faire jouer la solidarité européenne. Une proposition aussi dénuée de sens politique et, osons le dire, aussi stupide, n'aurait jamais dû passer le cap des premières réunions de travail à Bruxelles, à Paris ou à Francfort. Elle était en effet directement contraire au principe que l'Europe venait juste d'adopter : la garantie des dépôts ! Et pourtant elle a été reprise et portée par les dirigeants européens, qui n'ont pas compris qu'ils revenaient sur leurs propres engagements ni n'en ont mesuré les conséquences. L'union bancaire, qui a émergé lors du sommet européen de juin 2012 et qui vise à favoriser la sortie de crise de la zone euro, repo-

La faillite du politique

sait pourtant sur trois grands principes : un schéma commun de sortie des crises bancaires, la mise en place d'une autorité européenne de contrôle des banques et la garantie des dépôts. Garantie des dépôts qui avait elle-même été auparavant consacrée par les lois des différents États membres, adoptée en France dès 1999 par un gouvernement de gauche.

Il s'agit là d'un principe politique essentiel, qui vise à préserver la confiance et à protéger les épargnants en cas de faillite de leur banque. Mais ce principe d'assurance semble avoir disparu dans la nuit. Les contrats n'ont donc pas plus de valeur au sein de l'Union européenne que dans la jungle la plus obscure. Le message envoyé aux populations comme aux éventuels investisseurs est terrifiant. Un vent de panique parcourt l'Europe. S'il est possible de confisquer les dépôts à Chypre aujourd'hui, alors pourquoi pas en Italie demain ? S'il est possible de changer la loi et les contrats dans la nuit à Chypre, alors pourquoi pas en France demain ? Cette politique confiscatoire et cette insécurité juridique sont indignes de démocraties. D'ailleurs, le dernier pays a y avoir eu recours, en 2008, est le Zimbabwe... Et encore ne s'était-il attaqué qu'aux comptes courants en devises étrangères. Le Zimbabwe : belle référence pour l'Europe et sa monnaie unique !

C'est une règle absolue en cas de crise bancaire : on touche aux actionnaires, éventuellement aux

Éloge de l'anormalité

créanciers, jamais aux déposants. Pas seulement pour des questions d'équité, mais aussi pour ne pas saper la confiance dans l'avenir.

Face aux critiques qui fusent immédiatement après l'annonce de cette mesure, la seule réponse des dirigeants européens sera de dire qu'il s'agissait d'une mesure de « compromis »... Compromis, tout est dit. Peu importe le sens de ce que l'on fait, peu importe les conséquences des décisions prises, ce qui compte c'est d'atteindre un compromis. C'est le degré zéro de la politique. Le règne de la décision molle. Et ce au mépris des règles les plus élémentaires et des principes qui ont présidé à la mise en place de l'union monétaire et de la monnaie unique : des partenaires qui s'entraident quand l'un d'entre eux se trouve en difficulté. On a assisté, à l'inverse, à un exercice d'intimidation sur un petit pays membre, dont les déposants sont pris en otage et considérés comme un regrettable dommage collatéral.

L'irrésolution

L'Europe, seconde faute, fait à l'occasion de cette crise, et alors qu'elle n'en est plus à son coup d'essai après la gestion du cas grec, la démonstration de son incapacité à décider. Elle revient sur sa décision initiale deux jours seulement après l'avoir prise, en accouchant d'un plan B qui épargne alors les dépôts inférieurs à 100 000 euros. Mieux vaut tard que jamais, diront certains. Mais il s'agit là

La faillite du politique

encore d'une mauvaise solution de compromis : compromis entre les États membres, compromis entre les responsables politiques et les technocrates, compromis avec la décision antérieure afin de préserver les apparences. Cette volte-face a une conséquence inattendue : tandis que la Troïka débattait pendant le week-end du 24 mars à Bruxelles d'une nouvelle proposition, les oligarques russes se dépêchaient de retirer leurs dépôts des banques chypriotes. Ce n'est pas que l'Europe pilote à vue – cela s'appellerait du pragmatisme. C'est tout simplement qu'il n'y a plus de pilote dans l'avion. Des décisions sont prises, annoncées, sans que personne sache vraiment par qui, sans que personne mesure ni leur portée politique ni leurs conséquences dramatiques, puis ces décisions sont soudainement annulées. Cette incapacité à définir un cap et à s'y tenir est désastreuse sur le fond comme sur la forme, en termes d'image et de réputation.

Circonstance aggravante et autre illustration de l'incapacité à décider : les dirigeants européens ont réagi trop tard, bien trop tard. On savait depuis la restructuration de la dette grecque, au printemps 2012, que les banques chypriotes étaient à l'agonie. Mais l'attitude européenne a été, comme toujours, d'atermoyer, de procrastiner, d'attendre, en pensant que les choses s'amélioreraient d'elles-mêmes dans le futur. Les Européens ont pratiqué la politique de l'autruche et se sont trouvé un alibi :

Éloge de l'anormalité

attendre l'élection présidentielle de février 2013, en espérant que le dauphin de Dimitris Christofias, le Président communiste sortant, avec lequel le dialogue est impossible, ne soit pas élu. Ce fut le cas. Mais que de temps perdu !

Si la crise grecque avait été traitée dès le début de 2010, et que l'Europe avait accordé sa garantie à la dette du pays, l'Union aurait éteint d'un coup d'extincteur le feu de broussailles qui commençait à prendre et aurait évité que toute la forêt ne prenne feu, en empêchant les spéculateurs de jouer ensuite comme au casino contre la dette de l'Espagne, du Portugal, de l'Italie...

Le cas chypriote est encore plus caricatural : il aurait suffi d'un prêt de 10 milliards d'euros, ce qui représente l'épaisseur du trait pour le Mécanisme européen de stabilité (MES) dont la force de frappe est de 500 milliards, pour renflouer les banques et éviter à un petit pays de sombrer et à l'Europe entière de se déshonorer en exigeant d'un de ses membres qu'il spolie les épargnants. Dix milliards d'euros, c'est donc 2 % du MES, dont l'objectif est précisément de venir en aide aux pays qui en ont besoin (pourquoi ne pas faire jouer les systèmes de secours lorsqu'ils existent ?) et 0,1 % du PIB annuel de la zone euro. En échange, il était possible d'obtenir des réformes structurelles. Bref, de se monter solidaire et conduire Chypre à faire preuve de responsabilité.

La palme de l'incompétence, très disputée dans ce dossier, revient au président de l'Eurogroupe,

La faillite du politique

le ministre de l'Économie et des Finances des Pays-Bas Jeroen Dijsselbloem, nommé en janvier 2013 en remplacement de Jean-Claude Juncker. Tout fanfaron, il fait sienne l'idée d'instaurer une taxe sur les dépôts bancaires et déclare que l'accord proposé devrait servir de modèle aux futurs plans de sauvetage en Europe. La spoliation partielle des déposants serait donc l'unique solution que l'Europe serait en mesure de proposer à ses membres? Jeroen Dijsselbloem a dû faire machine arrière et présenter ses excuses devant les députés européens. Trop tard, une fois encore. Le mal était fait.

S'il est une règle absolue dans les crises financières et bancaires, c'est d'agir vite. Lorsque les autorités argentines ont décidé de fermer les banques et de bloquer tous les distributeurs de billets, en 2001, elles le firent sans préavis. À Chypre, à cause de l'indécision européenne, les mafieux ont été épargnés. Ce sont les citoyens ordinaires qui, d'une manière ou d'une autre, paieront l'addition.

L'improvisation

Pour achever de se décrédibiliser, les dirigeants européens qui cèdent ainsi à l'affolement sont ceux qui ont clamé à maintes reprises que la crise était derrière nous, que la reprise était là. Ce sont les mêmes qui multiplient les annonces, mais sans jamais les mettre en œuvre, ou en les annulant peu de temps après. Ils sont dans la gesticulation pure.

Éloge de l'anormalité

Six ans après le début de la crise financière, l'Europe ne dispose toujours d'aucun système de prévention ni de gestion des crises digne de ce nom, et se contente de gérer au fil de l'eau, improvisant, multipliant les exceptions au lieu de créer un cadre général d'intervention. À l'issue de la crise chypriote, les dirigeants européens multiplieront ainsi les déclarations pour tenter de rassurer et expliquer qu'il s'agissait là d'un cas spécifique. Comme l'était la Grèce auparavant... Que vaut une exception quand il n'existe aucune règle générale ? Ses dirigeants ont certes inventé le MES (Mécanisme européen de stabilité) destiné à venir en aide aux États en difficulté et à sauver les banques menacées de faillite, financé par des contributions des États membres et des fonds levés sur les marchés financiers. Adopté par le Conseil européen en décembre 2010, voté par le Parlement de Strasbourg en mars 2011, il est finalement entré en vigueur fin septembre 2012, après que le Parlement estonien eut bien voulu ratifier sa création. Mais le MES est soumis à des règles de fonctionnement strictes, puisqu'il nécessite l'unanimité et que, comme le prévoit son texte fondateur, « l'octroi, au titre du mécanisme, de toute assistance financière nécessaire sera subordonné à une stricte conditionnalité ». Autrement dit, l'aide financière n'est accordée que si l'État en difficulté accepte les conditions posées par le MES, donc par les dirigeants européens qui

La faillite du politique

doivent d'abord se mettre eux-mêmes d'accord entre eux. Autant dire que cela n'arrive jamais. C'est ce mécanisme, fait pour ne pas fonctionner, qui a conduit à la farce qu'on connaît. Le MES ne résout donc rien. C'est comme une porte de secours qui serait condamnée, fermée à jamais.

Le besoin de financement de Chypre représentait 2 % de ses 500 milliards d'euros de réserves. Était-il nécessaire de poser, pour si peu, des conditions aussi irréalistes et répréhensibles que la spoliation des épargnants ? Si c'est le cas, on se demande à quoi peut donc bien servir ce mécanisme. À sauver d'autres États, moins petits que Chypre, donc plus stratégiques pour la solidité de l'édifice ? 500 milliards d'euros, c'est alors bien peu. La dette publique accumulée dans la zone euro dépasse 8 500 milliards. Les fonds du MES représentent à peine plus de 5 % de ce montant. L'endettement des pays dits « périphériques » comme la Grèce, l'Espagne, l'Italie, le Portugal, les plus à même, donc, de nécessiter un sauvetage, s'élève à près de 3 200 milliards d'euros. Les 500 milliards du MES ne permettraient d'en éponger que 16 %.

Comment expliquer une telle incapacité à décider et à agir ? Les facteurs sont assurément multiples : la complexité des règles de décision européennes et la difficulté à se mettre d'accord à 28 États membres ou à 18 au sein de la zone euro, la différence entre les sensibilités nationales, mais

Éloge de l'anormalité

aussi, là encore, la faiblesse des dirigeants politiques dépassés par une réalité qu'ils ne comprennent plus.

En tout état de cause, avec de telles demi-mesures, la crise de la zone euro n'est pas finie, loin s'en faut.

Le risque majeur est que l'Union européenne s'enlise durablement dans une « routine du sauvetage ». Les Allemands ont d'ailleurs inventé en 2012 un néologisme pour désigner ce phénomène, *Rettungsroutine*, qui a même été élu « mot de l'année 2012 » par le jury de la Société pour la langue allemande (GfdS), lequel jury a salué dans cette expression l'association de deux termes normalement contradictoires, *Rettung* (« sauvetage ») et *Routine* (« routine ») : « Alors qu'un *sauvetage* est, au sens propre, une action urgente, demandant une initiative mais achevée, le mot *routine*, emprunté au français, dénote un mouvement répétitif, voire inscrit dans la durée et basé sur l'expérience »... ou l'incompétence de nos dirigeants.

L'obsession de l'équilibre

Heinrich Brüning est dans les années vingt un paisible parlementaire centriste allemand issu du syndicalisme chrétien. Sa vie bascule le 28 mars 1930, quand Hindenburg, président de la république de Weimar, le nomme chancelier. L'Allemagne est alors frappée de plein fouet par la Grande Dépression venue des États-Unis.

La feuille de route que le Président donne au nouveau chancelier est claire : redresser l'activité du pays. Ce n'est pas seulement une nécessité économique, c'est un devoir politique. Seule une reprise peut contenir l'ascension du parti nazi, dopé par le chômage, la pauvreté et le désespoir collectif.

Quand Heinrich Brüning forme son gouvernement, minoritaire au Reichstag, 3 millions d'Allemands sont sans emploi. Lorsque, un peu plus de deux ans plus tard, Hindenburg le démet de ses fonctions pour introniser von Papen, l'Allemagne compte 6 millions de chômeurs. Deux fois plus !

Éloge de l'anormalité

Quelle politique a abouti à ce brillant résultat? L'obsession de la pureté budgétaire. Pour relancer l'activité et se retrouver en position de force face aux autres nations européennes, l'Allemagne de Brüning va mener une politique déflationniste et de retour à l'équilibre budgétaire. Une politique déflationniste vise à permettre à un pays de redevenir compétitif en réduisant ses coûts, notamment salariaux, afin de restaurer les profits des entreprises et de relancer l'investissement. Parallèlement, et à l'image de ce que la Grèce est conduite à faire aujourd'hui, le chancelier décide d'augmenter les impôts, de réduire les salaires et le traitement des fonctionnaires, de diminuer sensiblement les dépenses sociales. Les allocations chômage subissent une coupe de 15 % tandis que l'âge minimum pour y avoir droit est relevé de 16 à 21 ans et que les femmes en sont privées. Autrement dit, il mène une politique économique procyclique, qui accompagne et accentue les effets de la dépression.

Brüning n'est d'ailleurs pas seul dans ce cas en Europe. Tous les pays mènent alors des politiques déflationnistes à l'exception de la Grande-Bretagne. En France, c'est un certain Pierre Laval, président du Conseil, qui veut équilibrer le budget au mépris des conséquences économiques et sociales.

Le résultat de cette politique sera désastreux : récession profonde et explosion du chômage. En

La faillite du politique

juillet 1932, les élections législatives accordent plus de 37 % des suffrages au parti nazi, qui devient la première formation politique du pays. Il n'en avait obtenu que 2,6 % quatre ans auparavant.

C'est bien l'austérité budgétaire, et non l'hyperinflation, qui a porté Hitler au pouvoir. Comme le souligne le prix Nobel d'économie Joseph Stiglitz, l'Allemagne a la mémoire sélective. Angela Merkel, dès que l'on évoque la coordination des politiques économiques, répète encore et toujours son credo de l'équilibre budgétaire. Elle redoute le spectre de l'inflation massive qu'a connue la république de Weimar entre les deux guerres. Mais elle oublie que c'est l'orthodoxie budgétaire qui, en favorisant le chômage et la pauvreté, a permis la montée du nazisme.

La barbarie de l'austérité

Plus de quatre-vingts ans après, l'histoire se répète. Jacob Lew n'est ni un gauchiste ni un farfelu. Il était l'un des dirigeants de Citigroup avant de rejoindre l'Administration Obama, où il a été nommé secrétaire au Trésor en janvier 2013. En avril 2013, lors d'une tournée européenne, il a plaidé à juste titre pour une « approche équilibrée entre croissance et consolidation budgétaire ». Le mois suivant, avant la réunion des ministres des Finances du G7 en Angleterre, il s'est insurgé de la brutalité de la « consolidation budgétaire » dans la zone euro. Pour lui, cette austérité pèse sur la demande et compromet la reprise mondiale.

Éloge de l'anormalité

Avec des taux de chômage de 25 %, qui peuvent atteindre plus de 50 % chez les jeunes dans plusieurs pays d'Europe, la discipline budgétaire est une punition, la rigueur un massacre, l'austérité une barbarie. Une barbarie qui consiste à refuser de voir l'aggravation de la conjoncture et la détresse des populations.

Une barbarie dont la conséquence directe est la montée de la violence politique et sociale, comme l'ont montré les économistes Jacopo Ponticelli et Hans-Joachim Voth. Dans une étude de 2011 intitulée *Austérité et anarchie*, ils ont examiné la relation entre déficits publics et violence politique et sociale de 1919 à 2008. Ils en ont conclu une relation inverse : plus les dépenses publiques sont réduites, plus la violence augmente. Chaque pourcentage de PIB de réduction des dépenses publiques se traduit ainsi par une montée de la violence, mesurée par un indicateur appelé « CHAOS » qui recense le nombre de manifestations anti-gouvernementales, d'émeutes, de grèves générales, d'assassinats politiques et de coups d'État ou de tentatives de coups d'État. Quand les dépenses publiques augmentent, on observe moins de 1,4 événement violent par pays et par an en moyenne. Quand à l'inverse les coupes budgétaires excèdent plus de 1 % du PIB, le nombre d'événements violents monte à 1,8 (soit une progression d'un tiers), et il est supérieur à 3 événements violents par an lorsque la réduction des

La faillite du politique

dépenses publiques est elle-même supérieure à 5 % du PIB.

De l'Argentine en 2001 à la Grèce en 2010, on a pu mesurer les risques d'instabilité sociale résultant des politiques d'austérité. Ce n'est bien sûr pas pour cette raison qu'il ne faut pas les mettre en œuvre. Mais parce qu'elles sont inopérantes et parce que l'expérience montre que d'autres politiques sont possibles.

La Suède et le Canada sont souvent cités en exemple quand il s'agit de réduire l'endettement et de venir à bout des déficits. Il est vrai que Stockholm a par exemple réussi, entre 1993 et 2000, à passer d'un déficit public de 12 % du PIB à un excédent de 3 %. Mais la situation et la politique menée par la Suède des années quatre-vingt-dix étaient très différentes de la situation et des politiques européennes actuelles.

Son gouvernement s'est tout d'abord refusé à pratiquer l'austérité pendant les deux premières années de récession, afin précisément de redonner de l'air à l'économie et de relancer l'activité dans une approche contra-cyclique. Ensuite, le pays a mené une politique active de change : la Suède a dévalué sa monnaie de plus de 20 % à partir de novembre 1992, ce qui a amélioré sa compétitivité vis-à-vis de l'extérieur et relancé ses exportations et donc l'investissement. Enfin, la Suède a réalisé son ajustement budgétaire non pas en augmentant les impôts mais en baissant les dépenses publiques. Dans ce cadre, elle s'est bien gardée de pratiquer la politique du rabot, qui consiste à baisser un peu les dépenses dans tous les secteurs sans opérer le moindre choix politique. Les effets d'une telle stratégie d'évitement seraient redoutables par exemple sur l'enseignement supérieur et la recherche. Les dirigeants suédois, au lieu de manier le rabot, ont au contraire procédé de manière sélective et revu de fond en comble la structure des services publics pour augmenter leur productivité et préserver les dépenses d'avenir. Diverses fonctions ont été transférées des ministères vers des agences aux missions clairement définies, qui pouvaient être à capitaux publics ou mixtes. Plus flexibles, ces agences devaient respecter des objectifs de performance, disposaient d'un budget autonome et d'une liberté de recrutement totale.

Résultat : le taux de chômage est passé de 9 à 4 % entre 1993 et 2000, et la croissance a été relancée. Une forte baisse du taux de change a accompagné une baisse sélective des dépenses publiques et a ainsi contribué à soutenir l'activité sans coûts en termes d'emploi. Une mise en mouvement qui n'aurait pas été possible avec une politique d'austérité aveugle. C'est l'exact opposé de ce que fait l'Union européenne aujourd'hui.

La faillite du politique

La doctrine vacillante

Il n'y a plus seulement la réalité historique. Même la théorie qui justifiait l'austérité budgétaire s'est effondrée récemment.

Les piliers académiques soutenant cette doctrine se sont écroulés au début de l'année 2013. Olivier Blanchard, l'économiste en chef du FMI, publie alors un article pour expliquer que lui et son institution se sont trompés sur l'impact du multiplicateur budgétaire. Traduction : la baisse des déficits donne à l'économie un coup de frein bien supérieur à ce qu'ils pensaient. L'effet récessif de l'austérité est plus proche de ce qui s'est produit dans les années 1930 que lors des crises des quarante dernières années, sur lesquelles le FMI s'était fondé pour calculer ce multiplicateur. Sur le papier, c'est une toute petite correction dans un modèle parfait comprenant équations et régressions économétriques. Dans la réalité, ce sont des millions de personnes qui, en Grèce et partout en Europe, souffrent de cette « petite erreur » confessée avec élégance, perdent leur emploi ou sont jetés à la rue.

Quelques semaines plus tard, on découvre que l'étude de référence sur l'austérité budgétaire, celle qui justifiait les plus grands sacrifices, repose elle aussi sur une erreur de calcul. « Growth in a Time of Debt », écrite en 2010 par Carmen Reinhart et Kenneth Rogoff, deux universitaires

Éloge de l'anormalité

américains du National Bureau of Economic Research, anciens du FMI, était censée montrer, à travers l'analyse de données de 1946 à 2009, que les pays dont la dette publique excède 90 % du PIB connaissent une croissance moins élevée que les autres. Selon eux, trop de dette tue la croissance. Il est donc souhaitable de recourir à des politiques d'austérité pour se désendetter. Ce travail a été publié en 2010, alors que la crise grecque battait son plein, et a été utilisé par les tenants de la rigueur pour justifier les politiques mises en place. Le commissaire européen aux Affaires économiques, Olli Rehn, s'était ainsi appuyé sur cette étude pour enjoindre les pays européens à mettre en œuvre des politiques d'austérité.

Trois économistes de l'université du Massachusetts ont cependant revisité l'étude célébrée par tous les dirigeants du monde occidental. Et ils ont obtenu des résultats très différents. Pour résoudre ce mystère de la démonstration impossible à reproduire, ils ont demandé à Reinhart et Rogoff l'accès à leurs feuilles de calcul originales. Et là, surprise ! Tout d'abord, les deux chercheurs ont ignoré les données de certains pays qui auraient pu modifier leurs résultats et contrarier leurs conclusions. Ces pays sont ceux qui justement ont connu, durant certaines périodes, un endettement soutenu et une forte croissance. Ils ont ensuite utilisé des méthodes statistiques contestables et ils ont, enfin et surtout, commis une erreur de formule et donc de calcul dans le tableur Excel qui, là encore, conduisait à exclure certaines données contredisant leur thèse. Les travaux corrigés montrent qu'une dette supérieure à 90 % du PIB se traduisait non pas par une récession de – 0,1 %, comme le prétendaient Reinhart et Rogoff, mais par une croissance de 2,2 %... à comparer à 2,8 % au-dessous de ce seuil. Le choix du seuil de 90 % pour déterminer l'impact de la dette sur la croissance étant en outre arbitraire et en lui-même contestable.

Au-delà des querelles d'experts suscitées par cette triple méprise, et même si Reinhart et Rogoff ont reconnu l'erreur et corrigé leur étude, cette découverte montre à quel point la pensée dominante a présenté les politiques d'austérité non pas comme une option parmi d'autres, mais comme une impérieuse nécessité. Le tour de force réalisé par cette nouvelle pensée unique a consisté à faire de la rigueur une condition du retour à la croissance. Ce sophisme rappelle le mot d'ordre du néolibéralisme des années quatre-vingt : il n'y a pas d'alternative.

Généalogie de l'austérité

Pour combattre une nuisance, mieux vaut bien la connaître. La religion de l'austérité n'est pas apparue récemment ni par hasard. Elle a une histoire, qui remonte au milieu des années soixante-dix.

Éloge de l'anormalité

La pensée économique dominante change à ce moment-là. Depuis la fin de la Seconde Guerre mondiale, les théories keynésiennes sont mises en œuvre avec succès. Dès que l'économie donne des signes de ralentissement, les gouvernements interviennent activement, en augmentant les dépenses publiques pour enclencher le multiplicateur budgétaire (positif) ou en relâchant la politique monétaire.

Mais ces recettes, que l'on croyait éternelles, fonctionnent de moins en moins bien. Les économistes libéraux attribuent ces ratés au comportement des acteurs sur les différents marchés, qui décryptent en temps réel les politiques budgétaires et monétaires et anticipent leurs effets. Selon cette théorie, dite des anticipations rationnelles, toute politique de relance est vaine, et même néfaste puisqu'elle ne crée pas davantage d'activité mais engendre de l'inflation. La corrélation négative entre inflation et chômage, matérialisée par la célèbre courbe de Phillips, est contestée par les économistes libéraux. Ceux-ci assurent que, bien au contraire, chômage et inflation peuvent coexister, et donnent à leur couple infernal le nom de stagflation. La courbe de Phillips est supplantée par celle de Phelps et de Friedman.

C'est à cette époque que surviennent les deux chocs pétroliers qui sonnent la fin des Trente Glorieuses, et marquent l'apparition du chômage

La faillite du politique

comme phénomène persistant qui se conjugue à une forte inflation. La réalité vient donc corroborer les thèses néolibérales. Celles-ci insistent sur la priorité qui doit être donnée à la lutte contre l'inflation, considérée comme mère de tous les vices parce qu'elle crée des distorsions multiples et fausse les décisions des agents économiques. Par ailleurs, affirment ces héritiers autoproclamés d'Adam Smith, l'action de l'État empêche les marchés d'atteindre leur efficience optimale. Il convient donc de réduire le poids de l'État et ses dépenses pour laisser la plus large place à l'initiative privée, et de réduire les impôts pour la même raison. C'est un changement complet de paradigme qui s'opère parce que le keynésianisme ne fonctionne plus à un moment donné, à cet instant précis marqué non par une baisse de la consommation mais par une chute de la productivité des entreprises à la suite des chocs pétroliers.

Ces préceptes néoliberaux ont séduit deux dirigeants occidentaux au début des années quatre-vingt. Margaret Thatcher, nommée Premier Ministre britannique en 1979, les a appliqués très consciencieusement pendant ses onze ans de règne au 10, Downing Street. Elle a déréglementé les marchés financiers, privatisé la compagnie nationale de téléphone, de transport aérien, les chemins de fer et plusieurs services publics, et baissé les impôts pour stimuler l'offre de la part des entrepreneurs. Ronald Reagan était alors

Éloge de l'anormalité

gouverneur de Californie, dont il a fait le laboratoire du néolibéralisme. Il le laissera s'épanouir en grandeur nature quand il arrive à la Maison Blanche en janvier 1981. Sa politique est fondée sur les mêmes principes. Ronald Reagan et Margaret Thatcher marquent une rupture essentielle, le début de la révolution financière. Ils prônent le recul de l'État comme principe de régulation, ils dénoncent l'État-providence comme coupable de toutes les erreurs, ils définissent le marché comme infaillible et le chômage comme un phénomène naturel, ils donnent le pouvoir aux actionnaires et indexent les rémunérations des patrons sur la Bourse, ce qui explique l'explosion de leurs rémunérations et l'accroissement des inégalités... tout en creusant dramatiquement les déficits budgétaires. C'est en réaction à cette explosion des déficits qu'ils ont eux-mêmes créés que ces deux dirigeants mettront en œuvre des politiques d'austérité et que les États-Unis de Ronald Reagan adopteront la fameuse règle d'or imposant l'équilibre.

C'est donc parce que l'idéologie néolibérale s'est trompée dans le passage de la théorie à la pratique des politiques publiques qu'elle a fait de l'austérité budgétaire un dogme intangible. L'austérité est l'expiation du péché originel que représentent l'explosion des déficits et l'échec des politiques libérales.

La faillite du politique

Il est temps d'en finir avec cette imposture, qui présente un choix politique délibéré comme une obligation absolue. Le déficit n'est pas un mal en soi, il ne le devient que s'il résulte de l'irrésolution des acteurs publics ou si sa dynamique échappe à tout contrôle.

La grande crise de 2007 marque doublement l'effondrement des thèses libérales. Tout d'abord dans l'origine de la crise elle-même, qui démontre que la main invisible d'Adam Smith n'existe pas. Le marché est un fait et une nécessité. Il n'y a pas de démocratie sans marché et il n'y a pas de marché sans démocratie. C'est la leçon de la chute du mur de Berlin et de l'échec des économies planifiées. Mais il ne faut pas laisser les marchés seuls face à eux-mêmes : ils ne s'autorégulent pas, ils s'autodétruisent. C'est la leçon de la chute de Lehman Brothers. Ensuite dans la gestion de la crise, compte tenu de l'échec et des ravages économiques et sociaux des mesures d'austérité.

Les deux idéologies communiste et libérale se sont effondrées, mais rien ne les a remplacées. Il n'est plus envisageable de limiter le champ des possibles à deux options extrêmes, qui ont fait la preuve de leur échec : le laisser-faire généralisé ou la nationalisation tous azimuts.

Un autre modèle doit émerger, qui réconcilie enfin la démocratie et le marché.

DEUXIÈME PARTIE

Un nouveau monde

Nous vivons la fin d'un monde. La domination européenne s'achève. Elle s'était engagée au XVIe siècle et aura duré quatre siècles. Cette domination a reposé sur une course continue à l'innovation – militaire, technologique, financière... –, conséquence de la rivalité entre nations européennes. Ces innovations ont à leur tour nourri conquêtes et découvertes. Les tensions du continent, ses contradictions, son bouillonnement, son ouverture sur le monde ont alimenté une dynamique de progrès qui a permis ce miracle : faire d'un petit continent à l'échelle du monde, sans ressources naturelles et à la population limitée, l'un des moteurs du changement.

Cette parenthèse se referme. La grande crise de 2007 en marque la fin. Vieillissante, usée, amère, repliée sur elle-même, l'Europe n'a pas vu le monde changer. Elle a été successivement rattrapée, copiée, puis dépassée. C'est la revanche de l'effet de taille et le retour de la loi des grands

Éloge de l'anormalité

nombres, ceux de la population, du territoire, des ressources. Le rapport de force s'est inversé : les émergents ont émergé, les dominants deviennent les dominés... L'Europe s'endort le monde se réveille. Les tendances historiques se retournent. Nous formons désormais les bataillons des immigrés du nouveau monde, comme en témoignent les files d'attente d'Européens pour obtenir des visas de travail devant les consulats africains à Lisbonne, Madrid ou ailleurs. L'Europe se regarde, le monde ne l'attend plus. Impensable il y a encore dix ans, le premier voyage officiel du nouveau Président chinois, Xi Jinping, une fois intronisé, a été non aux États-Unis ni en Europe, mais en Afrique : Afrique du Sud, Congo, Tanzanie...

Le poids de l'Europe dans le monde s'est affaissé et continuera à reculer dans le futur. De plus de 40 % de la richesse mondiale au début du XXe siècle, l'Europe n'en pèse plus que 25 %. Elle en pèsera à peine plus de 10 % en 2050, loin derrière la Chine, l'Inde ou le Brésil, mais aussi loin derrière l'Afrique dont la richesse totale sera alors supérieure à celle de l'Europe et représentera les deux tiers de celles de l'Europe et des États-Unis combinées. C'est une révolution qui s'opère. Rien ne l'arrêtera. Il faut apprendre à vivre avec, à composer, à partager, mais aussi à résister et à continuer à peser.

Un nouveau monde émerge. Une grande mutation s'opère autour de trois axes principaux, qui se

Un nouveau monde

renforcent mutuellement : la mondialisation, la mobilité, l'immédiateté.

La mondialisation, tout d'abord. Elle ne se confond pas avec la globalisation économique, qui n'en est qu'un élément, et pas le plus essentiel. C'est une erreur idéologique majeure de confondre les deux. La mondialisation est bien plus vaste. Elle concerne toutes les dimensions de l'activité humaine. Elle signifie que le monde est désormais fini, clos. Il forme un tout, que nous pouvons appréhender dans son ensemble. Il n'y a plus d'inconnu. C'est une photo, une simple photo, qui nous en a fait prendre conscience. En 1968, depuis Apollo 8, l'astronaute William Anders prend une photo du lever du Soleil sur la Terre. Ce cliché mythique, baptisé *Earthrise*, devient la première représentation de la Terre dans sa globalité. Quatre ans plus tard, en 1972, les astronautes d'Apollo 17 immortalisaient eux aussi la planète sur un instantané intitulé *Blue Marble*, l'un des plus diffusés au monde. La Terre est là, entière, éclairée. Ces deux photos sont l'expression de la finitude du monde. Dans son livre *L'Avènement du monde*, le géographe Michel Lussault montre comment ce fait nouveau bouleverse tous les systèmes de pouvoir et d'organisation que nous connaissions : empires, États, villes… Désormais, le monde existe comme une entité finie.

Éloge de l'anormalité

Dans cet environnement nouveau, la mobilité est totale, des personnes comme des marchandises. Le nombre d'immigrés dans le monde, c'est-à-dire de personnes vivant en dehors de leur pays d'origine, croît de manière exponentielle : 45 millions en 1965, 120 millions en 2000, plus de 200 millions aujourd'hui... La mixité et le métissage progressent, symbole de la mondialisation. Le tourisme, autre facteur d'échanges, explose : en quarante ans, le nombre de touristes a été multiplié par treize, passant de 70 millions en 1960 à près de 900 millions aujourd'hui. Ces flux ont été favorisés notamment par la révolution des transports, moins chers et plus rapides. Le trafic aérien a ainsi été multiplié par 4 en vingt ans, par 10 en cinquante ans. Il n'y a plus de frontières. Il est possible de vivre ici et travailler là-bas, il est possible d'être ici aujourd'hui et là-bas demain. Mobilité des hommes, mais des marchandises aussi. Les échanges commerciaux ont connu une accélération extraordinaire, passant de 2 000 milliards de dollars en 1980 à 20 000 milliards aujourd'hui. L'un des vecteurs a été le transport maritime, qui a lui-même été révolutionné dans les années soixante par l'apparition des conteneurs. Ces caissons métalliques standardisés peuvent s'assembler entre eux à l'image de Lego et peuvent tout transporter. Leur nombre a explosé. Ils sont aujourd'hui l'un des outils de la mondialisation.

Un nouveau monde

Global, mobile, le monde est désormais aussi instantané et immédiat. Être connecté par Internet et les nouveaux réseaux de télécommunications permet d'échanger avec tous, d'accéder à toute information, à tout document et toute image, partout et à tout moment. Peu importe où nous nous situons. C'est une révolution dont nous ne mesurons pas encore toutes les conséquences, mais qui provoque notamment une accélération du temps. Le sociologue allemand Hartmut Rosa met en lumière toutes les dimensions de ce phénomène dans son livre *Accélération. Une critique sociale du temps.* Il distingue trois vagues, qui se nourrissent et se renforcent les unes les autres comme autant d'amplificateurs : l'innovation technique, le changement social, le rythme de vie.

L'une des conséquences de ce monde fini, ouvert, mobile, immédiat, est une concurrence intense entre les territoires. Il est en effet possible de comparer à tout moment les cadres de vie et d'activité, l'environnement économique, financier et social, comme dans un modèle de concurrence pure et parfaite. Il est également possible d'en tirer les conclusions immédiatement, et à tout moment de bouger, de se déplacer, de se relocaliser. C'est vrai des individus comme des entreprises. Cette concurrence se déroule entre grandes aires culturelles, entre pays, mais également entre régions. L'urbanisation a créé des grands pôles de production et de vie. Ainsi, le PIB du grand New York est-il supérieur à celui de l'Espagne, et celui du grand Chicago plus élevé que celui de la Suisse. Les méga-régions, comme l'ensemble Rhin-Ruhr en Europe ou le delta de la rivière des Perles (Canton, Shenzhen...) en Asie, prennent parfois le pas sur les pays en termes d'industries, de modes de vie, d'innovations, de convergence culturelle.

Dans ce monde nouveau, il est nécessaire d'être toujours en mouvement, de se remettre en question et de se réinventer en permanence pour ne pas se trouver marginalisé et perdre de sa substance. Il faut être à l'image du monde, aller vite, au moins aussi vite que lui pour ne pas perdre de terrain. Dans ce nouveau monde, les clivages ne sont plus idéologiques. La compétition mondiale n'est plus celle des modèles, qui ont tous convergé, mais elle est identitaire. Les économies en sont l'instrument, véritables outils d'influence et de pouvoir. Cette compétition est intense : elle apparaît dans la quête de ressources naturelles et de terres rares par les Chinois à travers le monde, dans la prise de contrôle d'entreprises européennes par des fonds souverains du Moyen-Orient, ou encore dans l'utilisation faite des données des géants américains de l'Internet et des communications par les services de renseignements américains... Il ne faut être ni dupe ni naïf. On peut regretter cette nouvelle compétition mondiale, la déplorer, mais pas l'ignorer. Ce serait prendre le risque de perdre une guerre d'un type nouveau.

À la recherche
de la croissance perdue

Quel dirigeant politique osera le dire ? Notre potentiel de croissance est durablement nul. Aucune des composantes de la croissance n'est aujourd'hui présente ni disponible. Notre modèle de croissance est en réalité cassé depuis les années quatre-vingt, mais nous nous le sommes caché à nous-mêmes pendant vingt ans. Comment ? Par la dette publique. En donnant à tous – salariés, consommateurs, épargnants – cette illusion si confortable que notre pouvoir d'achat continuait d'augmenter sans fin. Grâce à des taux d'intérêt historiquement bas et une injection massive de monnaie dans l'économie, les vannes du crédit se sont grandes ouvertes. De larges emprunts en déficits chroniques, l'endettement public permettait de distribuer de la fausse richesse au sein de la société. Les gouvernements avaient l'illusion de la prospérité, les ménages l'impression que la consommation était un territoire sans limites, les banques l'occasion de s'enrichir démesurément.

Éloge de l'anormalité

Le jeu ne pouvait pas se prolonger éternellement. En 2007, il a cessé. Et nous nous sommes retrouvés seuls face à nous-mêmes. Sans ressort.

La croissance ne se décrète pas, elle ne s'attend pas. Elle se favorise, s'entretient, se provoque. L'incantation est vaine, la gesticulation inutile.

Il faut en connaître les composantes pour comprendre ce qui se passe aujourd'hui et pouvoir agir efficacement. Celles-ci sont au nombre de trois, pas plus : l'augmentation de la population, la hausse de la productivité, la quantité de capital.

Sur ces trois composantes, les responsables politiques français actuels nous ont respectivement dit : « la natalité est un sujet de satisfaction », « la France est un pays qui innove », notre « adversaire, c'est le monde de la finance ». Ils ont trois fois tort. Il n'est donc pas étonnant qu'ils se trompent également lorsqu'ils nous disent que « la reprise est là ».

La clé de la démographie

On l'oublie trop souvent, mais le premier terme de l'équation de croissance est la population. On croît d'abord parce que la population croît. Or les perspectives de croissance démographique dans les pays développés sont au mieux atones. Le taux d'augmentation annuel de la population en Europe et aux États-Unis n'a ainsi cessé de s'atrophier régulièrement depuis la fin de la Seconde Guerre mondiale : de + 1,1 % dans les années cinquante, nous sommes tombés à + 0,1 % aujourd'hui, et reculerons de − 0,2 % dans les années 2030.

(Fausse) bonne nouvelle : la France se situe, avec l'Irlande, en tête de classement pour ce qui est des taux de fécondité en Europe. Le déclin de sa population en âge de travailler (traditionnellement bornée de 15 à 65 ans) est donc moins marqué. Toutefois, la natalité actuelle n'est ni suffisante ni satisfaisante. Avec 1,9 enfant par femme, elle ne permet en effet d'assurer ni un accroissement net du nombre d'actifs ni le renouvellement des générations qui suppose 2,1 enfants par femme.

Dans ce cadre, la population en âge de travailler a elle-même commencé à décliner en 2012 en Europe, sous le double effet de cette faible fécondité et du vieillissement de la population.

Les conséquences d'une telle évolution sont bien connues. La croissance est triplement compromise. D'une part, le taux d'activité global baisse, ce qui signifie une moindre capacité à produire. D'autre part le revenu total baisse également, ce qui signifie une moindre consommation. Enfin, et même si le progrès technique permet de maintenir ou d'accroître le PIB par habitant, la baisse du PIB global conduit le plus souvent les entreprises à réduire leurs investissements.

Faute d'accroissement démographique, et pour soutenir la croissance, l'évolution de la population

Éloge de l'anormalité

active peut varier sous l'effet de deux facteurs : l'évolution des comportements d'activité et le solde migratoire.

La principale évolution des comportements d'activité au cours des dernières décennies est évidemment le travail féminin. Ce mouvement n'est pas tout à fait achevé, mais il va connaître un palier sous la conjonction de deux phénomènes : l'effet de saturation puisque le taux d'activité des femmes, en France, s'élève à 66 % (contre 63 % en 2000 et un pourcentage inchangé de 75 % pour les hommes) ; l'augmentation du chômage, qui décourage les femmes inactives de rejoindre le marché de l'emploi.

Reste le recours à l'immigration, essentiel pour compenser la faiblesse démographique et stimuler la croissance économique. Facteur de croissance, l'immigration est également un vecteur essentiel d'enrichissement culturel, de dynamisme et d'ouverture, comme le montre l'histoire même de la France. C'est la raison pour laquelle de nombreux pays dans le monde ont choisi de mener des politiques actives d'immigration. C'est le cas des États-Unis, qui compensent ainsi la faiblesse de leur démographie naturelle. Ceux-ci restent en effet un pays d'immigration de masse, comme le confirme une étude du Pew Research Center parue en janvier 2013. Le nombre de personnes résidant sur le territoire américain et nées à l'étranger s'élevait à 40 millions en 2011 contre

Un nouveau monde

31 millions en 2000. Parmi ceux-ci, le nombre d'illégaux a augmenté moins vite, passant de 8,4 à 11,1 millions. Le vieillissement de la population, qui frappe aussi les États-Unis, y est donc atténué par un flux migratoire permanent, composé de personnes jeunes et entreprenantes.

L'Europe a pourtant fait un choix contraire. L'immigration y est marginale en raison d'un choix politique délibéré, qui à lui seul illustre la maladie qui nous frappe : la peur de l'autre, le repli sur soi. C'est la marque des sociétés vieillissantes. Nous sommes devenus des sociétés homogènes, fermées et crispées. L'extrême sensibilité politique du sujet a dissuadé d'adopter des politiques d'immigration volontairement expansionnistes. La France est même le pays le plus fermé en Europe et l'un des pays les plus fermés dans le monde après le Japon, avec un solde migratoire de 1,2 ‰, à comparer à 3,4 ‰ en Allemagne ou 3,7 ‰ au Royaume-Uni.

À cette fermeture géographique correspond une véritable fermeture des esprits et une exacerbation des crispations identitaires. Comme le montre une étude Ipsos parue en janvier 2014 sur les « fractures françaises », 58 % des Français considèrent que la France doit se protéger davantage du monde d'aujourd'hui, tandis que 66 % sont d'accord avec l'idée selon laquelle il y a trop d'étrangers en France, et près de 50 % pensent que pour réduire le nombre de chômeurs en France, il faut réduire le nombre d'immigrés.

Éloge de l'anormalité

L'impératif de la productivité

Faute d'une augmentation de la population active, c'est dans les gains de productivité que peut résider le salut. C'est une variable sur laquelle les gouvernements peuvent intervenir plus efficacement que sur le nombre d'enfants désirés dans les familles.

La première leçon de productivité du travail a été donnée par Adam Smith il y a près de trois siècles et demi. Ce jeune orphelin surdoué devient le précepteur d'un jeune aristocrate avec lequel il entreprend un long voyage en France et en Suisse. Durant tout ce périple, il ne cesse d'observer et en rapporte le fameux exemple de la fabrique d'épingles : « L'importante activité de fabriquer une épingle, écrit-il, est ainsi subdivisée en environ dix-huit opérations distinctes, qui dans certaines fabriques sont toutes exécutées par des mains distinctes, quoique dans d'autres le même homme en exécutera parfois deux ou trois. J'ai vu une petite fabrique de ce genre où l'on n'employait que dix hommes. » Ces dix hommes, raconte Smith, fabriquent près de 50 000 épingles parce que chacun développe une habileté pour un geste particulier, tandis qu'ils n'en produiraient que 2 000 sans division du travail. Celle-ci permet donc de multiplier la productivité de façon spectaculaire, c'est-à-dire la capacité à produire plus pour une même quantité de travail.

Un nouveau monde

Or ces gains de productivité sont aujourd'hui nuls partout en Europe. Leur progression annuelle a ainsi été limitée à 0,6 % seulement au cours des quinze dernières années, à comparer à 2,4 % aux États-Unis par exemple. Non seulement notre population ne croît plus, mais elle ne parvient plus à produire mieux et plus efficacement. Ce n'est plus la division du travail qui peut apporter des gains de productivité, mais d'autres facteurs : la durée du travail, le niveau de formation de la population, l'effort d'innovation. Ces trois facteurs jouent cependant aujourd'hui négativement.

La durée du travail, tout d'abord. Elle a, contrairement à une idée reçue, reculé à peu près partout, mais en France plus qu'ailleurs. Nul besoin d'épiloguer : si la durée du travail par tête baisse, la productivité du travail recule.

Le niveau de formation de la population, ensuite. Plus celle-ci est qualifiée, plus la productivité est grande. Or le nombre de non-qualifiés, avec un niveau de formation inférieur au second cycle du secondaire, est très important en Europe et plus important qu'ailleurs : il est par exemple trois fois plus élevé qu'aux États-Unis en pourcentage de la population active. Le nombre des plus qualifiés, avec un niveau de formation tertiaire, est lui-même bien moins élevé, de l'ordre d'un tiers. Au sein de la zone euro, cette situation est encore plus marquée en France : le nombre de non-qualifiés est ainsi deux fois plus élevé qu'en

Éloge de l'anormalité

Allemagne – 30 % de la population active en France contre 14 % en Allemagne...

L'innovation, enfin. L'effort européen dans ce domaine est faible et plus faible qu'ailleurs : les dépenses de recherche et développement représentent 2 % du PIB, contre 2,8 % aux États-Unis ou 3,5 % au Japon. Là encore, au sein de la zone euro, la situation de la France est défavorable. Nous sommes les champions des grandes phrases et de la multiplication des dispositifs de soutien à l'innovation : pôles de compétitivité, crédit impôt recherche, grand emprunt... Tout cela, sans aucun résultat ! Les dépenses de recherche et développement stagnent depuis des années et sont inférieures de 25 % à celles de l'Allemagne (en pourcentage de PIB), le nombre de brevets déposés est inférieur de près de 50 % à l'Allemagne (par million d'habitants), les achats de robots industriels sont six fois plus faibles qu'en Allemagne. Surtout, l'investissement en nouvelles technologies recule, de 2 % du PIB au début des années 2000 à près de 1,8 % aujourd'hui, et est largement inférieur aux niveaux d'investissement dans ce domaine aux États-Unis ou en Allemagne. Il est donc faux de dire que le niveau technologique de la France progresse. Là encore, le contraste entre la réalité et les discours est frappant.

Un nouveau monde

Le capital comme carburant

On l'a compris, ce n'est pas la finance qui est responsable de la crise, mais l'effondrement d'un modèle encouragé par les responsables politiques eux-mêmes depuis plusieurs décennies. Dire que la finance est responsable et expliquer qu'elle est un ennemi qu'il faut combattre est aussi simpliste que faux. Evidemment le système financier doit être régulé, il commet de nombreux excès, parfois des fraudes, et il comporte beaucoup d'imperfections. Mais, pour reprendre une image de Dominique Strauss-Kahn, « incriminer la finance dans le désastre économique que nous vivons a la même pertinence qu'incriminer l'industrie automobile quand on parle des morts sur la route »...

La finance est le carburant du moteur qu'est l'économie. Elle est indispensable à la croissance, en ce qu'elle permet de répondre aux besoins des agents économiques, entreprises et ménages, et de mener à bien leurs projets d'investissement. Sans capital, il n'y a ni investissement ni croissance possible.

Or l'économie française manque cruellement de capital. L'investissement total annuel, qui s'élève à environ 410 milliards d'euros, ne parvient pas à être financé par la seule épargne nationale. Près de 50 milliards d'euros doivent ainsi être empruntés chaque année auprès du reste du monde. Cela met la France dans une position de dépendance extérieure et limite d'autant le potentiel de croissance.

Éloge de l'anormalité

Cette situation s'explique notamment par un choix politique visant à privilégier systématiquement les placements sans risque, l'immobilier surtout, au détriment des placements risqués, en actions et en fonds propres, les plus favorables à la croissance. C'est là encore la marque des sociétés vieillissantes : encourager la rente. À l'exact opposé de ce qu'il faudrait faire, le système fiscal français favorise ainsi l'épargne non risquée et pénalise l'épargne tournée vers l'investissement. Et les évolutions récentes aggravent cette situation, au mépris de l'efficacité économique et dans une remarquable confusion idéologique. Avoir voulu taxer les cessions d'entreprise à plus de 60 % au total en est la meilleure illustration. Dans le même temps où on favorise la rente – Livret A ou assurance vie –, on pénalise le risque – la création d'entreprise. Sans comprendre que l'on frappe ainsi, pour reprendre une phraséologie marxiste, le « capital vivant », par opposition au « capital mort », celui qui ne s'investit pas utilement.

La France a non seulement fait le choix de l'impôt, mais aussi le choix des mauvais impôts. Les aides à l'épargne non risquée sont quatre fois supérieures à celles qui bénéficient aux placements risqués (investissement en fonds propres, plan d'épargne en actions) et qui permettent de constituer le capital vivant. L'imposition des entreprises françaises est la plus lourde d'Europe, représentant 36 % de leurs revenus, bien plus que

Un nouveau monde

la moyenne européenne à 23 %. Les PME sont plus taxées que les grandes entreprises, avec un taux effectif d'imposition de 39 % contre 19 % pour les secondes. Enfin, la structure même de leur fiscalité favorise le financement par endettement plutôt que le recours aux fonds propres, en rendant les intérêts d'emprunt déductibles fiscalement alors que les dividendes sont imposables.

Le résultat est que l'épargne des ménages est investie à environ 90 % sur des supports non risqués, et que la France manque de capital. L'autofinancement des entreprises françaises est ainsi très faible, couvrant 70 % seulement de leurs besoins contre 110 % en Allemagne. Celles-ci sont dépendantes du crédit bancaire et très sensibles à tout choc extérieur, ce qui les rend particulièrement vulnérables. Cette situation est aggravée par l'absence de fonds de pension en France, qui pourraient accumuler du capital, là où cinq fonds de pension anglo-saxons (CalPERS, Franklin Templeton, Fidelity, Capital Group et PDEM) contrôlent plus de 10 % de la capitalisation boursière de Paris.

On ne peut livrer bataille économiquement que si nous disposons tous des mêmes armes. L'arme de la guerre économique moderne est le capital, et son tarissement en France est très préoccupant.

La croissance perdue

Déclin démographique, gains de productivité en berne, manque de capital, c'est bien notre modèle de croissance qui est cassé. Durablement. Ajoutons-y, de manière plus conjoncturelle, une consommation nécessairement orientée à la baisse en raison de la montée du chômage, d'une pression fiscale plus grande et de moindres prestations sociales. Ajoutons-y enfin un investissement des entreprises nécessairement en recul dans un tel environnement, marqué de surcroît par un recours au crédit devenu rare et cher et des exportations ralenties par un commerce mondial atone. Il n'est pas surprenant qu'il n'y ait pas de croissance et, pire, que notre croissance potentielle soit nulle.

Le potentiel de croissance de la France peut ainsi être estimé à moins de 1 % par an à moyen terme, c'est-à-dire rien ou quasiment rien. Cela résulte mécaniquement de l'évolution de la population active d'ici 2025 (0 % en moyenne...), de l'évolution passée de la productivité et des anticipations d'évolution de capital. Nous sommes devenus une économie édredon, qui certes absorbe les chocs à la baisse, avec une récession limitée, mais aussi à la hausse, avec une capacité de rebond nulle. Il ne faut pas être dupe des soubresauts de court terme. Attendre la reprise est illusoire. Dire qu'elle est là, c'est se satisfaire de taux de croissance équivalents à une stagnation, c'est confondre reprise et arrêt de la récession. C'est soit se mentir à soi-même et renoncer, soit nous mentir... Non seulement notre situation économique se dégrade rapidement, mais en plus nous décrochons par rapport au reste de la zone euro, Espagne et Italie compris. Il y a urgence à agir.

Les conséquences d'une croissance zéro sont nombreuses et évidemment défavorables : d'abord et surtout l'absence de créations d'emploi, car il n'y a pas d'emplois sans croissance ; mais aussi des difficultés grandissantes à financer les conséquences du vieillissement de la population, qui se traduit par une hausse des dépenses de retraite et de santé et une ponction croissante sur le revenu disponible ; des délocalisations de plus en plus importantes, qui visent à investir là où les perspectives de croissance et donc de rentabilité sont les meilleures... Une croissance faible crée un cercle vicieux qui rend tout rebond plus difficile encore dans le futur.

La croissance est la mère de toutes les batailles. C'est elle qui engendre le progrès, qui permet de vivre mieux, de distribuer plus, de créer de l'emploi, de réduire les inégalités. D'avancer, tout simplement. Il faut tordre le cou aux théories délirantes et réactionnaires prônant la décroissance. Elles émanent d'enfants gâtés et égoïstes, qui veulent refermer la porte de la prospérité derrière eux. Ce n'est que lorsqu'on a tout que l'on peut ne plus rien souhaiter avoir.

Y a-t-il une fatalité à la croissance zéro ? Non. Il faut faire cesser cette lente dérive. Pour la restaurer, il ne sert à rien de l'attendre comme la pluie

Éloge de l'anormalité

sur les récoltes. Il ne suffira pas de sauter sur sa chaise comme un cabri en disant « La croissance ! La croissance ! La croissance ! », cela n'aboutira à rien. Il n'existe qu'une solution : afficher enfin un dessein, une vision, une ambition, pour donner confiance en l'avenir. Et, surtout, changer de priorités et en finir avec l'austérité budgétaire qui accentue l'ampleur de la récession. À défaut, les inégalités continueront à se creuser et deviendront insoutenables.

Les inégalités, jusqu'où ?

La fin de partie que nous vivons actuellement, la cassure de notre modèle de croissance, fait également ressortir un accroissement des inégalités sans précédent dans la plupart des pays développés.

Aux États-Unis, les écarts de revenus sont désormais aussi importants qu'avant la crise des années trente. La part des revenus des 1 % les plus fortunés qui était en décroissance quasi continue depuis 1929 a recommencé à augmenter à partir des années quatre-vingt. Et le phénomène ne fait que s'accentuer depuis. Le modèle du *winner-take-all* » (« le gagnant prend tout »), qui s'applique traditionnellement aux circuits neuronaux et plus récemment aux entreprises de nouvelles technologies, où les premiers arrivés dans la course prennent l'ensemble de la plus-value, concerne aussi les 0,1 % les plus aisés, qui raflent une part très substantielle des fruits de la croissance.

Éloge de l'anormalité

La question est désormais de savoir combien de temps encore nos sociétés accepteront l'inacceptable.

Le « gagnant prend tout »

Aux États-Unis, les revenus les plus bas ont crû de 15 % en moyenne seulement au cours des trois dernières décennies, tandis que ceux des 1 % les plus favorisés étaient multipliés par 15, et même par 30 pour les 0,1 % du sommet de la pyramide. Il y a trente ans, les 1 % les plus privilégiés s'octroyaient 12 % du revenu national. Aujourd'hui, ils reçoivent plus de 30 % de la richesse du pays. Et, depuis la crise, le fossé se creuse encore puisque le fameux « 1 % », en 2010, a monopolisé plus de 90 % du revenu marginal, supplémentaire, du pays par rapport à 2009.

La France ne fait pas exception. Entre 2008 et 2010, le revenu global des ménages s'est accru de 1,7 %. C'est peu, mais c'est surtout très inégalitaire. Les 10 % les plus pauvres ont vu leurs revenus, après impôts et prestations sociales, baisser de 1 % en moyenne. Ils ont été frappés par la récession avant l'heure, et n'ont pas vu leur part du gâteau diminuer « seulement » en valeur relative, mais aussi en valeur absolue. Dans le même temps, les 10 % les plus riches ont vu leurs rémunérations globales s'accroître de plus de 4 %. Les 10 % les plus riches ont reçu 50 % de la croissance des revenus entre 2008 et 2011 et capté plus de

25 % du revenu de la nation en 2010. Selon l'Observatoire des inégalités, les inégalités relatives ont diminué de manière significative jusqu'à la fin des années soixante-dix. Puis elles ont recommencé à augmenter au début des années deux mille, avant de se stabiliser puis de s'accroître de nouveau depuis 2008.

Le phénomène, en vérité, est planétaire. 1 % de la population mondiale détient 50 % des richesses, tandis que les 85 plus grosses fortunes mondiales possèdent autant de richesses que les 3,5 milliards les plus pauvres. En avril 2013, l'OCDE a réactualisé le rapport intitulé « Toujours plus d'inégalité » qu'elle avait publié en 2011. Que constate-t-elle ? Que le fossé entre la situation matérielle des plus démunis et des plus aisés s'est creusé davantage au cours des trois dernières années que durant les douze années qui précèdent. Et que l'écart aurait été plus important encore sans le rôle d'amortisseur joué par la fiscalité et les transferts sociaux.

Et encore ces données ne concernent-elles que les deux premières années de la crise, un début marqué par des plans de relance qui ont maintenu l'activité économique avant la récession proprement dite. Le ralentissement de l'économie, conjugué aux plans d'assainissement imposés au nom de la pureté budgétaire, fait basculer les plus fragiles dans la pauvreté. La société grecque joue dans ce domaine un rôle précurseur. Elle témoigne de la fragilité du lien social et de la rapidité du

Éloge de l'anormalité

basculement vers un éclatement de la société, incapable de protéger les plus faibles.

Cette polarisation des situations, par laquelle, pour schématiser, les plus riches sont toujours plus riches et les pauvres toujours plus pauvres, est vantée par l'idéologie néolibérale qui a conquis les esprits au cours des trente dernières années. Selon ses préceptes, une faible imposition des plus riches les incite à investir et contribue donc à la croissance économique, tandis que la redistribution par l'impôt est absorbée par le poids de l'État et dirigée vers des utilisations moins productives que celles que le marché aurait pu lui trouver. La réalité a montré les limites de cette croyance, et jeté une lumière crue sur les dégâts sociaux qu'elle peut provoquer, en rendant les salariés peu qualifiés encore plus vulnérables. Elle n'est pourtant toujours pas passée de mode et justifie en partie le dogme de l'équilibre budgétaire. Alors qu'il est crucial de revoir, dans les économies européennes, le partage des revenus dans un sens plus favorable aux salariés, afin d'améliorer le pouvoir d'achat et de soutenir la croissance, c'est la direction inverse qui s'affirme depuis plusieurs années, sans qu'une volonté politique vienne la corriger.

Les inégalités, ennemies de la démocratie

Cet accroissement des inégalités, s'il n'est pas combattu avec détermination, s'autoalimente spontanément. Des universitaires américains ont publié en mars 2013 une étude sur un sujet jusqu'alors inexploré : les préférences politiques et les activités militantes des 1 % d'Américains les plus riches, et parmi ceux-ci des 0,1 % les plus fortunés, qui possèdent un patrimoine supérieur à 40 millions de dollars.

Les « 1 % » sont beaucoup plus actifs politiquement que la moyenne des Américains. La quasi-totalité d'entre eux (99 % !) est allée voter en 2008, alors que le taux de participation global était inférieur à 60 %. Ils sont plus de 40 % à participer à des meetings ou rassemblements politiques. Plus des deux tiers d'entre eux contribuent financièrement à des campagnes électorales, contre 14 % de la population totale, et 21 % d'entre eux s'emploient à collecter des contributions financières, ce qui montre le poids de leur implication.

De plus, la moitié de ces « 1 % » assurent avoir eu accès directement à un responsable politique au cours de l'année écoulée.

Cette inégalité d'influence, d'engagement et d'accès aux décideurs publics en fonction de la richesse scrait sans grande importance si leurs choix ne différaient pas de ceux de l'ensemble de la population. Or, l'étude montre que leur préoccupation majeure concerne l'équilibre budgétaire et non l'emploi. Leur objectif premier est de réduire le rôle de l'État ainsi que les dépenses publiques pour payer des impôts aussi faibles que possible.

Éloge de l'anormalité

Sur l'utilisation de l'argent de l'État aussi, les priorités ne sont pas toujours les mêmes.

L'opinion publique souhaite très majoritairement augmenter les prestations sociales, que les très riches entendent diminuer, de même que les subventions agricoles, les allocations chômage, les dépenses de sécurité et de protection de l'environnement.

Autre enseignement de cette étude : plus on s'élève dans la pyramide de la richesse, pour atteindre la minorité des 0,1 % les plus fortunés, plus on rencontre des opinions hostiles à la réglementation, à l'action sociale, à l'éducation pour tous.

Bienvenue à Lesterland

Pour le dire autrement, les États-Unis ressemblent un peu à Lesterland, ce pays imaginaire et monstrueux imaginé par Lawrence Lessig, professeur de droit à Harvard et juriste le plus célèbre du Net. Celui-ci avait démarré une conférence visible sur le site TED par une anecdote démographique : dans un pays comme les États-Unis, sur 311 millions de citoyens, 144 000 se prénomment Lester, soit 0,05 % de la population. « Lors des élections générales, ce sont tous les citoyens qui ont le droit de voter ; mais auparavant se tient une sélection, où seuls les Lester ont le droit de s'exprimer et de choisir. Et c'est tout le problème : pour participer aux élections, il faut avoir fait très

Un nouveau monde

bonne impression à la sélection organisée par les Lester. Nous avons donc une démocratie qui dépend de ce que souhaitent les Lester. »

Les États-Unis sont Lesterland : il y a autant de bailleurs de fonds des campagnes aux États-Unis qu'il y a de Lester au Lesterland. Il suffit de regarder les chiffres : 0,5 % des Américains ont donné la somme maximum autorisée à leur champion lors des élections sénatoriales de 2010, et 132 Américains ont financé 60 % des montants des « super PACs » (les « comités d'action politique », véhicules privés qui servent au financement de campagnes politiques) lors de l'élection présidentielle de 2012. Cette dépendance envers les bailleurs crée une déviation subtile, discrète et camouflée dont le but est de rendre heureux les Lester (les bailleurs de fonds). Les membres du Congrès, selon le professeur de droit à Harvard, développent un sixième sens qui les conduit à rédiger des textes de lois et à voter de manière à ne pas tarir ces financements dont dépend leur réélection. Une étude a montré qu'ils passeraient de 30 à 70 % de leur temps à lever des fonds pour leur prochaine campagne.

Lawrence Lessig souligne ainsi que : « Les États-Unis sont pires que Lesterland, que l'on peut imaginer peuplé de Lester riches, de Lester pauvres, de Lester noirs, de Lester blancs, qui pourraient s'accorder afin d'agir pour le bien de l'intérêt de Lesterland. Aux États-Unis, à quelques exceptions près, les Lester agissent au profit des Lester... »

Éloge de l'anormalité

Rien de tel en France, dira-t-on, ni dans la plupart des pays européens. Pas de « super PACs » et autres possibilités pour verser des montants illimités au candidat de ses rêves. C'est vrai. Mais la capacité des plus riches à faire entendre leur voix et à défendre la légitimité de leur vision est indéniable. Comme le constate l'INSEE, le taux d'inscription sur les listes électorales augmente avec le niveau d'éducation, de même que le taux de participation. Et les données sociologiques ne manquent pas pour témoigner de l'accès des plus privilégiés aux grands arbitrages.

L'obsession de l'équilibre des comptes publics, par exemple, fait partie de ce patrimoine commun des plus privilégiés. S'y ajoute, dans l'Hexagone, la distinction marquée entre secteur abrité et secteur exposé. Pour aller vite, entre le public et le privé, et plus spécialement les entreprises de petite taille, les plus sensibles aux retournements de la conjoncture. Pour résumer, l'austérité budgétaire frappe en premier lieu les plus fragiles économiquement (emplois précaires, derniers embauchés, travailleurs indépendants...), qui évoluent sans exception dans les secteurs économiques les plus exposés aux effets de la récession.

En s'accommodant de politiques pro-cycliques, qui consistent à accentuer les effets de la récession par des politiques d'austérité, nos dirigeants fragilisent cette France exposée qui est la première à subir les effets de la faible demande, de la

Un nouveau monde

contraction du crédit dont elle ressent les effets très concrets avec l'accroissement du chômage, lequel contribue à son tour à freiner la demande au nom d'un mécanisme aussi simple qu'autodestructeur. La République des fonctionnaires, bien à l'abri, a le devoir de s'intéresser, enfin, à ses citoyens les moins protégés.

La noblesse de la politique est de donner une voix aux sans-voix.

Le risque de la rupture sociale

Ces inégalités conduisent à des situations qui ne sont plus soutenables socialement et font peser un risque réel de rupture. Aux États-Unis, à l'été 2013, les salariés des différentes chaînes de fast-food se sont mis en grève. Leur revendication ? Des conditions de vie décentes… Leur salaire brut horaire s'élève à 7,25 dollars, le salaire minimum, soit 107 dollars net par semaine. Comme le soulignent les syndicats américains, le coût d'un forfait hebdomadaire de métro à New York est de 30 dollars, la location hebdomadaire d'un studio de 175 dollars… Il est impossible de vivre dans ces conditions. Il s'agit juste de survivre. La survie ne se rencontre pas ou plus seulement en Afrique ou en Amérique latine, mais aussi dans nos villes et parmi des personnes qui ont un emploi. Nous aurions tort de sous-estimer les risques de violences sociales qui en résultent.

Le Brésil en fournit une illustration supplémentaire. Un projet de hausse de 7 % du prix des

Éloge de l'anormalité

transports publics a conduit à des manifestations géantes à l'été 2013. Ce que cette crise révèle, alors qu'un gouvernement de gauche est au pouvoir au Brésil depuis onze années, est le caractère insupportable des inégalités et l'inefficacité de la redistribution dans un contexte de dépenses publiques somptuaires pour l'organisation de la Coupe du monde de football et des jeux Olympiques. C'est également un projet de hausse des prix d'un service public, en l'occurrence l'éducation, qui avait déclenché des manifestations étudiantes sans précédent au Québec en 2012. Et c'est de même le coût jugé insupportable de l'université au Chili, dont 25 % seulement est pris en charge par l'État, qui a conduit à des protestations de même ampleur en 2011, puis de nouveau à l'été 2013.

Nos sociétés sont devenues des poudrières, où la moindre étincelle peut provoquer un incendie impossible à éteindre.

Cette étincelle peut être économique, mais aussi résulter de toute forme d'injustice, réelle ou ressentie : la mort d'un homme tué par la police à Londres à l'été 2011 ou à Stockholm en mai 2013, la célébration du titre de champion de France du PSG à Paris en mai 2013 ou un banal contrôle d'identité à Trappes à l'été 2013, la destruction d'un parc en Turquie au printemps 2013...

Nos sociétés sont malades. Ce qui est aujourd'hui remis en cause, c'est le sentiment d'appartenance à une même société, l'existence d'un lien qui nous relie, d'un dessein commun. C'est le contrat social lui-même qui est rompu.

Le contrat social est l'accord moral par lequel les citoyens s'engagent ensemble dans un projet commun et sont prêts à échanger de la liberté contre de la sécurité. Il repose sur un principe, la souveraineté de la volonté générale, et a pour objectif la cohésion sociale. La cohésion, c'est ce qui fait que, malgré les différences, les individus ont le sentiment d'appartenir à un même groupe, à une collectivité, d'être unis par un destin commun. Ils se protègent mutuellement et avancent ensemble. C'est le ciment de la société. Retirez-le, nos sociétés s'effondrent.

C'est ce qui se produit aujourd'hui. On ne peut se sentir membre d'une société dans laquelle on ne peut se déplacer, se soigner, se loger, se nourrir, apprendre... Le sentiment de trahison des plus vulnérables et des plus fragiles est grand et justifié.

La frustration et le dépit qui en résultent, le ras-le-bol face à trop d'inégalités et d'injustices, le rejet d'un système qui exclut toujours plus, le désir de changement et l'incapacité des politiques à y répondre nourrissent le risque de rupture. « L'émeute au XXIe siècle est devenu le destin du monde », écrit ainsi Yannick Haenel dans son roman *Les Renards pâles*.

Quand on n'a plus rien, ne reste que la colère. Et le risque de disparition des démocraties telles que nous les connaissons.

La troisième guerre mondiale

Dans un monde pacifié et régulé par le droit international, une nouvelle forme de guerre prévaut. « Une guerre qui ne dit pas son nom, une guerre vitale, une guerre sans mort mais à mort », avait dit de manière prophétique François Mitterrand : la guerre économique

Cette guerre n'est pas visible. Les armes utilisées dans ce drôle de conflit ne sont pas mortelles. Du moins à court terme. Elles ne détruisent pas de villes, ne causent aucune mort violente. Elles sont économiques et financières.

Cette guerre vise à mettre l'économie au service d'un projet politique. Ce projet peut être de défendre des positions – emplois ou parts de marché –, de s'approprier des ressources ou des savoir-faire, d'assurer une domination culturelle ou technologique, ou encore de renforcer son influence. C'est la guerre par l'économie. Cette guerre est menée par les États, les armées en sont les entreprises, et les victimes les chômeurs.

Éloge de l'anormalité

La plus grande naïveté de l'Europe est de ne pas le voir et de ne pas mener le combat comme elle le devrait. C'est une faute et un danger redoutable. L'Europe a perdu un temps précieux pour traiter la crise grecque. Le temps, c'est de l'argent, dit le proverbe. C'est vrai. Cette procrastination européenne a coûté des milliards d'euros à l'ensemble de la zone, et des points de croissance qui font cruellement défaut. Mais le pire est devant nous.

Entreprises, combien de divisions ?

Qu'on le veuille ou non, qu'on le regrette ou non, l'Europe et la France sont engagées dans cette guerre économique. Ce qui est en jeu est la maîtrise de notre avenir. L'influence d'un pays ne dépend plus d'abord de la puissance de sa flotte ou du nombre de ses chars, mais de la force de ses entreprises. La puissance des États-Unis repose aujourd'hui aussi, et peut-être d'abord, sur Google, Apple, Facebook, Coca-Cola, McDonald's, le cinéma hollywoodien...

La France a cette caractéristique unique au monde d'être un petit pays par sa superficie et sa population, sans ressources naturelles, mais d'avoir des entreprises qui occupent les tout premiers rangs mondiaux dans nombre de secteurs clés : le luxe avec LVMH et Kering, les services aux collectivités locales avec Veolia et Suez Environnement, les cosmétiques avec L'Oréal, la

Un nouveau monde

distribution avec Carrefour et Casino, l'affichage urbain avec JC Decaux, les pneumatiques avec Michelin, l'énergie avec EDF, Areva ou Total... À l'exception des États-Unis, aucun pays ne compte autant de leaders mondiaux, pas même l'Allemagne. Or il est faux de considérer que les entreprises n'ont pas de nationalité et que celle-ci n'importe pas. Le centre de gravité d'une entreprise est au contraire un enjeu de première importance. Il ne se définit pas aisément ; c'est le résultat d'une somme d'éléments parmi lesquels la localisation du siège social, la nationalité des dirigeants, la localisation des centres de recherche et de production, la nationalité des actionnaires... C'est la localisation du centre de gravité qui fonde la nationalité d'une entreprise. Et cette nationalité est à son tour essentielle pour l'emploi, la valeur ajoutée – c'est-à-dire la création de richesse –, l'innovation et le dynamisme, l'influence. Prenons un seul exemple, la grande distribution, qui est l'une des courroies d'entraînement de la conquête du monde. Jamais le fromage de Roquefort, cher à José Bové, n'aurait été distribué et vendu dans le monde entier, en Chine comme au Brésil, si Carrefour n'avait pas été français. De même, la puissance de Danone a reposé historiquement sur les réseaux des grands distributeurs français et leur capacité à vendre partout ses produits en masse.

Il est donc primordial d'aider les entreprises, de les soutenir, les accompagner, les protéger. État et

Éloge de l'anormalité

entreprises forment l'avers et le revers d'une même pièce, ils constituent deux bataillons d'une même armée. Les forces de nos entreprises aujourd'hui est notre puissance demain.

En France, le renoncement de l'État est à cet égard confondant. Il se manifeste de multiples façons. L'État ne mène plus de politique industrielle volontariste, comme actionnaire ou comme incubateur, visant à favoriser l'émergence de grandes entreprises dans des secteurs considérés comme clés. C'est sur une vision, sur une ambition affichée et autour de grands programmes de recherche impulsés, parfois financés et conduits par l'État, seul ou avec des tiers, que se sont construites les industries du nucléaire (Areva), de l'aéronautique (Airbus), de la défense (Thalès), des télécoms (Orange). Or la France s'est révélée incapable de faire émerger un grand champion mondial au cours des dernières décennies. Les entreprises françaises du CAC 40 ont toutes une longue histoire derrière elles. Aux États-Unis, à l'inverse, les industries traditionnelles ont été détrônées par des entreprises nouvelles, qui ont pour la plupart moins de vingt ans et qui occupent désormais les premières places en termes de capitalisation boursière, qu'il s'agisse de Microsoft, Amazon, Apple, Google… La France est ainsi absente ou peu présente dans les grands secteurs de demain, comme le numérique. Elle laisse partir ses ingénieurs les plus brillants, chassés par les grandes entreprises mondiales, qui hier peuplaient les salles de marché des banques de Wall Street et qui aujourd'hui assurent pour beaucoup les fonctions de développeurs des entreprises américaines du digital. Elle s'interdit même toute recherche dans un secteur clé, le gaz de schiste, qui explique en partie la reprise américaine et dans lequel elle a pourtant tout à la fois les ressources naturelles, les savoir-faire et les entreprises. Comme si nous avions refusé de développer notre industrie nucléaire il y a soixante ans. De Gaulle, reviens, ils sont devenus fous! Nous sommes en train de passer à côté de plusieurs révolutions technologiques et nous le paierons cher.

Pire, l'État laisse parfois le contrôle des entreprises stratégiques partir à l'étranger. C'est le cas dans le passé de Péchiney, Arcelor ou Rhodia. Nous avons vu les conséquences en France sur les sites et sur l'emploi. L'histoire récente est tout aussi édifiante. Le gouvernement est prompt à empêcher qu'une société de taille modeste et sous contrôle public, Dailymotion, passe sous contrôle étranger. Mais, dans le même temps, il ne réagit en rien quand des géants français passent eux-mêmes sous contrôle étranger, comme Activision Blizzard (leader mondial du jeu vidéo), Euronext (l'une des grandes Bourses dans le monde), Publicis (l'un des leaders mondiaux de la publicité, qui abrite sa cession à un groupe américain derrière une fusion d'égaux)... Un environnement

Éloge de l'anormalité

économique et financier défavorable, un sentiment croissant d'incompréhension, l'invective parfois, conduisent les grandes entreprises françaises à délocaliser progressivement leur trésorerie à Londres, leur management à Hong Kong ou encore leur siège à Amsterdam...

Le risque est désormais majeur de perte de substance et de dépendance de notre économie.

La politique du coup de menton est inutile et contre-productive. C'est celle du coup de main et parfois du coup de poing qu'il faut mener. Non pas contre nous-mêmes, mais contre les autres. Comment réagiront les dirigeants français quand les fermetures succéderont aux délocalisations ? Quand non seulement les usines, mais aussi les centres de recherche et de développement, souvent basés dans l'Hexagone, seront transportés à des milliers de kilomètres ? Quand les sièges des grandes entreprises auront quitté la France ? C'est là un trait spécifiquement français. La Grande-Bretagne s'abrite derrière une loi spécifique pour interdire le rachat par des capitaux étrangers d'une société à caractère stratégique. L'Allemagne a mis au point un système de protection fondé sur la décentralisation et le rôle actif des banques. Les États-Unis, eux, n'hésitent pas à utiliser toutes les méthodes possibles, y compris l'intimidation.

Histoires américaines

Au début des années 2000, Le ministre de l'Économie et des Finances Laurent Fabius prend

Un nouveau monde

la décision d'interdire le rachat par Boeing d'une PME française spécialisée dans l'aéronautique. J'étais alors à son cabinet et je me souviens de la position du ministre et de l'ambiance au sein de l'équipe : l'unanimité pour considérer que l'intervention de l'État était légitime pour empêcher une trop grande concentration et préserver un secteur stratégique.

Le lendemain matin, dès 8 h 45, le numéro trois de l'ambassade des États-Unis à Paris nous téléphone. Son message est simple : « Il doit y avoir une erreur. » Une heure plus tard, le conseiller économique de l'ambassadeur se manifeste à son tour, pour nous signaler qu'il y a, de son point de vue, une erreur d'appréciation de notre part. Une heure passe encore, et c'est l'ambassadeur des États-Unis en personne qui intervient, de manière plus pressante, en parlant de faute : « Ce n'est pas possible, vous devez revenir sur votre décision », nous dit-il en substance. À peine a-t-il raccroché qu'un appel arrive de Washington. C'est le Trésor qui est au bout du fil. Le temps des politesses a expiré. Soit nous revenons sur notre décision, soit des mesures de rétorsion seront prises.

En moins de vingt-quatre heures, l'ensemble de l'appareil d'État américain s'est mobilisé pour l'un de ses champions industriels. Une attitude qui traduit un rapport de confiance et de proximité entre l'État et les entreprises, inimaginable en France.

Éloge de l'anormalité

Quelques années plus tard, je conseille le gouvernement argentin sur la restructuration de la dette publique. En août 2003, le ministre de l'Économie Roberto Lavagna est convoqué à Washington par le secrétaire au Trésor américain. Il pense que ce rendez-vous sera un tête-à-tête diplomatique et financier, et s'y rend seul. Quand il entre dans le bureau de son hôte, à deux pas de la Maison Blanche, il découvre que celui-ci est entouré de deux personnes : les représentants des banques Goldman Sachs et Merrill Lynch, grands créanciers de l'Argentine. Quand il s'étonne de leur présence à une réunion entre ministres, il lui est répondu : « Mais nous sommes américains. » Tous trois parlant ensemble au nom des États-Unis. La puissance publique et les intérêts privés savent se confondre quand il s'agit de défendre les couleurs de l'Amérique, sa croissance et ses emplois.

Voilà la morale de ces deux « fables américaines », bien réelles au demeurant.

C'est toute la différence entre l'Europe et les États-Unis. Nous disons, mais n'agissons pas. Les États-Unis ne disent pas, mais agissent. Ils savent ainsi interdire en quelques heures l'acquisition par des mains étrangères d'entreprises jugées sensibles, comme l'ont montré l'échec des tentatives d'acquisition de la société pétrolière californienne Unocal par les chinois de Cnooc ou du port de New York par Dubai Ports…

Un nouveau monde

L'Europe refuse ce pragmatisme. Frappée du syndrome de Stockholm, elle se voit imposer des normes directement inspirées de l'idéologie néolibérale, qu'elle applique les yeux fermés et sans comprendre qu'elles sont des machines à affaiblir notre économie. C'est vrai des normes comptables et bancaires, écrites par les Américains pour les Américains, et qui transposent leurs règles et leurs pratiques dans notre droit. Ces normes consacrent la financiarisation de l'économie et privilégient le court terme. C'est vrai des normes commerciales, qui visent parfois à nous désarmer au moment même où la concurrence s'intensifie. Le projet d'accord de libre-échange avec les États-Unis en est une illustration. Mais l'exemple le plus édifiant est celui du droit de la concurrence. Veiller à préserver le jeu de la libre concurrence, c'est bien ; mais préserver des emplois, c'est mieux. Au nom de règles arbitraires et pseudo scientifiques (les positions dominantes, les effets de seuil, les marchés pertinents...), définies et appliquées sans aucun contrôle politique, on interdit à des entreprises européennes de se marier entre elles et de se renforcer, on les précipite dans les bras d'entreprises étrangères, on interdit aux États de venir en aide à des entreprises en difficulté, on oblige à des mises en concurrence absurdes... Là encore, je me souviens au cabinet de Laurent Fabius de cette demande – justement refusée – de mettre Airbus en concurrence avec Boeing pour l'achat de l'avion

Éloge de l'anormalité

du président de la République... Imagine-t-on la présidence américaine ne pas faire naturellement appel à Boeing ? Ou encore de l'appel d'offres lancé par l'Administration française pour le renouvellement d'une partie de sa flotte de voitures remporté par... Ford. On le voit, le droit européen de la concurrence ignore toute considération industrielle et sociale. Il protège avant tout les entreprises non européennes de l'émergence de champions européens.

En perdant la guerre des normes, nous avons perdu la guerre des modèles.

Le Brésil et la Chine à la manœuvre

Nulle part mieux qu'en Afrique peut-on observer les mouvements et batailles en cours dans le monde. Le continent connaît une croissance forte et continue, supérieure à 5 % par an en moyenne au cours des dix dernières années. Sept des dix économies les plus en croissance dans le monde aujourd'hui sont africaines. Le continent représente 4 % de la richesse mondiale aujourd'hui, en pèsera 7 % en 2030 et 12 % en 2050. Il sera alors plus riche que l'Europe et pèsera à lui seul les deux tiers de la richesse des États-Unis et de l'Europe réunis. Ses ressources – 80 % des réserves de platine et de chrome dans le monde, 60 % des terres arables, 57 % des réserves de cobalt, 42 % des réserves d'or, 40 % des réserves de manganèse, 12 % des réserves de pétrole... – suscitent maintes convoitises.

Un nouveau monde

L'Afrique est un laboratoire de ce qui se passe dans le monde. Ce que l'on y observe, c'est un recul continu de la présence et des investissements européens et, à l'inverse, une forte montée en puissance de la Chine et du Brésil notamment. Les échanges commerciaux entre l'Afrique et les pays dits BRIC (Brésil, Russie, Inde, Chine) ont ainsi doublé entre 2007 et 2012 et devraient progresser encore de 50 % d'ici 2015. Ces pays remplacent les grands pays européens ou les États-Unis comme premiers partenaires commerciaux. Leur part dans les investissements sur le continent ne cesse de s'accroître, passant de 18 % en 1995 à près de 25 % aujourd'hui. L'Afrique est à la fois un réservoir de ressources naturelles clés pour nourrir leur croissance économique et un débouché pour les grandes entreprises mondiales, compte tenu notamment de l'effort d'investissement en cours.

Le déploiement des entreprises brésiliennes et chinoises en Afrique repose sur un soutien actif, fort et constant de leurs États respectifs. Au Brésil, la BNDES, banque nationale de développement, équivalent de la Caisse des Dépôts en France, joue le rôle de bras armé de l'État brésilien en matière financière. Elle accorde des prêts à taux faibles ou zéro aux entreprises exportatrices, afin de répondre au mot d'ordre du ministère de l'Économie et des Finances : les produits brésiliens doivent être distribués dans le monde entier.

Les autorités chinoises ne font pas autre chose lorsqu'elles distribuent des milliards de dollars de prêts et financements, là encore à taux faibles ou à taux zéro, aux sociétés qui s'implantent en Afrique ou en Amérique latine. Ce sont les banques publiques Exim Bank et China Development Bank qui supportent ainsi le développement des grandes entreprises chinoises dans le monde, comme Sinohydro, spécialisée dans la construction de grosses infrastructures électriques, Huawei, ZTE, Sinopec...

Plus généralement, le développement des entreprises dans ces pays est une affaire d'État. L'interaction extraordinaire avec les pouvoirs publics est à l'origine de la constitution de champions mondiaux à une vitesse parfois vertigineuse. AAC Technologies a été créé en 1993 à Shenzen, c'est désormais le leader mondial des solutions acoustiques pour les smartphones, qui fournit à la fois Apple, Samsung, HTC, Nokia, ou Sony. Aviation Industry Corporation of China (AVIC) s'appelait jusqu'en 1982 « Troisième Bureau des industries mécaniques », c'est toujours une entreprise d'État, mais qui a appris toutes les règles de l'économie de marché. Elle produit déjà un avion de chasse, le J-10, dont une version furtive est actuellement à l'essai pour concurrencer les États-Unis et l'Europe sur ce terrain très technologique. Elle entend aussi devenir un géant de l'aviation civile et développe un concurrent direct de l'Airbus A320 et du Boeing 737, baptisé C919.

Un nouveau monde

Le moral des troupes

Pour gagner la guerre, il est nécessaire de veiller au moral des troupes et à la bonne coordination entre les unités. Rien de tel en France, et si peu en Europe, où le fatalisme domine. En 2008, la réaction européenne face à la crise mondiale, comme deux ans plus tard face à la faillite de la Grèce, a été trop faible et trop tardive. Le gouvernement fédéral américain, lui, n'a pas hésité à injecter des sommes colossales dans l'économie pour éviter le marasme. Des centaines de milliards de dollars pour les banques, des dizaines de milliards pour l'industrie automobile...

Les Européens, eux, sont un peu comme des médecins urgentistes qui pratiqueraient, sur un malade qui ne respire plus, un massage du bout des doigts.

Leur inaptitude à la décision a fini par agacer les plus policées des institutions. Samedi 22 juin 2013, les ministres des Finances de la zone euro se réunissent à Luxembourg pour faire avancer l'union bancaire, ce dispositif qui doit protéger les épargnants et mutualiser les risques entre les institutions financières. Il serait temps ! Cette belle idée a été avancée il y a des mois et, depuis, tout le monde en parle comme si elle était en place alors que ses contours ne sont même pas dessinés. La réunion dure dix-huit heures. Quand les participants, fourbus, quittent les lieux à 4 heures du matin, ils n'ont pas avancé d'un pouce.

Éloge de l'anormalité

Ce fiasco provoque, dès le dimanche, la consternation de la Banque des règlements internationaux (BRI), qui considère que le retour à la stabilité et à la prospérité est une tâche qui doit être partagée, et que la politique monétaire a fait sa part. Sous-entendu : les gouvernements de la zone euro ne font pas la leur.

Cette paisible institution, installée à Bâle, représente les banques centrales du monde entier. Elle n'a pas l'habitude de s'exprimer de manière aussi crue.

Il est piquant de constater que les gouvernements européens, qui tiennent tant, au nom de l'idéologie libérale, à l'indépendance des banques centrales, sont aujourd'hui tancés même par elles...

Plus que jamais, il est urgent d'agir.

TROISIÈME PARTIE

Changer

Ce qui caractérise la France aujourd'hui, c'est la nostalgie d'une grandeur passée et l'incompréhension de l'évolution actuelle du monde. Il faut dire qu'elle le connaît mal, ce monde, comme en témoignent les déclarations de ses dirigeants qui successivement rendent hommage au peuple chinois lors d'un voyage à Tokyo, saluent la république de Macédonie – qui non seulement n'existe pas mais dont la dénomination même de république de Macédoine est contestée dans l'Union européenne – et confondent révolution tunisienne et égyptienne…

Ce pourrait être une farce si elle n'était pas susceptible de prendre un tour tragique. Ce qui est en cause aujourd'hui, ce n'est pas seulement notre place dans le monde, mais notre modèle lui-même mis à mal par d'inquiétantes ruptures.

Ruptures est un terme fort, qui évoque des cassures historiques comme celles du schisme de l'Empire romain, 1789, la révolution bolchévique,

Éloge de l'anormalité

la prise de pouvoir par Mao en Chine ou encore la fin de l'Empire soviétique... Or c'est bien de cela qu'il s'agit aujourd'hui : la rupture avec le système d'analyse et d'interprétation du monde qui était le nôtre lorsque nous sommes entrés dans les années quatre-vingt-dix, après la chute du mur de Berlin. Nous avons alors cru que l'histoire était finie, faute de combattants. Tous, partout, semblaient d'accord sur la démocratie, le respect des droits de l'homme, le marché, le nouvel ordre mondial... Au même moment, le marché était en pleine expansion, présentait des perspectives sans fin, et permettait de sortir de la pauvreté de grandes nations comme la Chine ou l'Inde. L'économie, dérégulée, devenait globale et homogène. La construction européenne progressait, avec l'instauration de la monnaie unique. C'était la fin des conflits identitaires et nationalistes. C'était un nouveau monde, une période d'optimisme formidable.

Une série d'événements est venue balayer cette analyse, au premier rang desquels les attentats du 11 septembre 2001 et la crise économique et financière de 2007 Nous sommes passés en quelques années d'une vision conquérante et positive à son exact opposé – la perspective d'un avenir sombre et d'une rupture subie. Les manifestations de cette rupture sont multiples et dramatiques. La panne sèche de croissance tout d'abord et la montée du chômage, de la précarité, des inégalités, doublée de l'incapacité des dirigeants à y

Changer

répondre. La compétition généralisée entre les nations, ensuite – pas celle d'une concurrence saine et loyale, encadrée par des règles, mais celle d'un véritable affrontement. Les marchés émergents sont apparus pour ce qu'ils étaient, des puissances naissantes, dont nous avions ignoré la volonté de revanche, de vengeance parfois, de ce qu'elles avaient vécu comme une longue période de domination et d'humiliation par l'Occident. Face à ces nouvelles tensions, il est apparu qu'il n'existait pas de « communauté internationale » réelle et efficace. Il n'y a pas de nations unies – si ce n'est des réunions de nations dans une salle qui porte ce nom à New York –, il n'y a plus de puissance véritablement globale. Le monde s'est désarticulé.

Ces ruptures se trouvent amplifiées par l'hystérie de sociétés qui vivent dans un flux permanent d'informations dramatiques et par une révolution individualiste. La montée sans précédent de l'individualisme a de puissants moteurs. Elle se nourrit à la fois de l'idéologie libertaire, soixante-huitarde, et de l'idéologie libérale, qui consacre l'individu roi (et consommateur). Elle est soutenue par des instruments nouveaux, les nouvelles technologies et les réseaux sociaux, qui permettent à tous de s'exprimer devant tous à tout moment et sur tout. C'est le règne de l'égalitarisme, la fin de la verticalité et le triomphe des systèmes transversaux. Chaque point de vue se

Éloge de l'anormalité

vaut. Il en résulte un discrédit généralisé des dirigeants et une fragilisation terrible des démocraties représentatives. Cela conduit à une nouvelle forme de société et, à l'extrême, à l'utopie d'une démocratie directe, instantanée, autogérée, généralisée. Le rejet de toute autorité accroît la coupure entre les dirigeants et la population. L'insatisfaction est permanente, l'agressivité croissante.

Ce nouveau monde engendre fureur et désarroi. Il nourrit les extrémismes et les fanatismes, et conduit, si l'on n'agit pas, à une paralysie progressive des pouvoirs démocratiques modernes et à une gigantesque impasse.

Il n'y a qu'une seule réponse possible de la part des dirigeants : l'efficacité.

Dans ce monde éclaté, il appartient tout d'abord à l'Europe de s'organiser comme puissance. Si elle devient une grande Suisse, elle sera dépendante et appliquera les règles décidées par d'autres : États-Unis, Chine, pays du Golfe, marchés financiers... Devenir une puissance, s'intégrer, ne signifie pas revenir à la domination d'antan. L'Europe et les États-Unis ont exercé un quasi-monopole du pouvoir et de l'influence dans l'histoire du monde pendant quatre siècles, avec l'idée qu'ils étaient porteurs de valeurs universelles. Il existe désormais trop d'acteurs puissants pour qu'ils puissent exercer un quelconque monopole. Mais il s'agit, ensemble, de peser, d'influer, de faire valoir ce que nous sommes, de préserver nos

Changer

positions, face à des puissances dont aucune ne s'imposera seule demain. La Chine est en effet confrontée à deux questions majeures : d'une part, la question écologique ; d'autre part, l'avenir du régime, et notamment sa capacité à répondre aux attentes croissantes de la population. La Russie, le Brésil et l'Inde sont tous trois confrontés à d'importantes fragilités structurelles. Tous s'accordent pour contester l'Occident, mais restent marqués par des rivalités importantes. C'est notre chance. Nous avons le devoir de construire une Europe forte pour saisir les opportunités d'un monde ouvert et faire face aux risques qui en résultent.

Il appartient ensuite à la France de retrouver la place qui doit être la sienne, en Europe et dans le monde.

Nos atouts sont considérables. Ils viennent pour une part de notre histoire – nous avons hérité d'un statut, d'une langue parlée sur tous les continents, d'un rayonnement culturel –, mais ils sont également objectifs. Il existe une suprématie française, une *French touch*, qui va des mathématiques à la musique, en passant par les entreprises du CAC 40 leaders mondiaux dans leur secteur. Cela nous permet encore aujourd'hui de jouer un rôle particulier dans le monde. Mais se dresse désormais un obstacle de taille, qui nous entrave et nous bloque – notre pessimisme, sans égal. Il est extravagant que les Français soient plus pessimistes sur

Éloge de l'anormalité

l'avenir de leur pays que les Afghans ou les Irakiens le sont pour l'avenir des leurs. Les raisons en sont multiples. Elles résultent du choc des ruptures en cours. Elles vont de l'inquiétude des chefs d'entreprise sur leur compétitivité à celle des parents sur le risque de déclassement de leurs enfants. La mondialisation nous tétanise. Nous avons perdu toute confiance en nous. La crispation est telle qu'elle rend toute réforme quasiment impossible.

Pour éviter la tétanie, nous devons nous re-projeter dans l'avenir. Cela exige de faire preuve tout à la fois de lucidité et de réalisme, de vision et de courage, d'anticipation et de mobilité, de volontarisme et d'esprit de conquête. Cela suppose de se méfier de toute abstraction, de comprendre la marche du monde et la stratégie des autres nations.

La question n'est pas aujourd'hui celle de la capacité des Français à accepter le changement. Elle est celle de la capacité des dirigeants à le définir et à le mettre en œuvre sans tarder.

Bienvenue à Normaland

Bienvenue à Normaland, le pays de la normalité. Ici, tout est « normal », à commencer par notre dirigeant. Ici, nous sommes tous d'accord entre nous : si quelqu'un dit quelque chose, c'est que « normalement » c'est bien. Nous veillons au consensus, au compromis. Ici, personne ne sort du cadre, car ce serait « anormal » de faire du bruit, de se distinguer. Nous veillons à ne pas décider pour ne pas déranger.

Les moutons noirs sont repeints en blanc, nous gommons les aspérités, nous vivons tous au même rythme. Ici, il n'y a ni rage ni révolte, plus de désirs, pas de fêlures, elles ne nous apparaissent pas nécessaires pour laisser passer la lumière. Ici, nous ne changeons rien et cherchons surtout à ne rien bousculer, car tout est normal. Nous attendons... Quoi ? Nous ne le savons même plus nous-mêmes. Notre posture rappelle irrésistiblement *Le Désert des Tartares* de Dino Buzzati, où un officier guette vainement les troupes ennemies et n'affrontera finalement que sa propre mort...

Éloge de l'anormalité

À l'action, les dirigeants de Normaland préfèrent l'attente. Surtout ne rien faire de peur de mal faire. Surtout ne pas bouger pour ne rien bousculer. Surtout ne rien tenter pour ne prendre aucun risque. Attendre. Juste attendre. Par temps calme, cette stratégie attentiste ne mène nulle part mais ne prête guère à conséquence. En période de crise, dans des temps exceptionnels, cette normalité est profondément dangereuse.

Dans ses conséquences économiques, mais surtout dans ce qu'elle révèle de la politique. Celle-ci n'est plus que renoncement, là où elle devrait être vie, envie, changement, intensité, partage, émotion... Les rêves, il n'y en a plus. Nous pouvons craindre le pire quand il n'y a plus d'espoir car plus d'idéal exprimé, quand plus rien ne nous porte ni ne nous emporte.

Normalité, passivité

La normalité est devenue le déguisement de la passivité. Quand on est normal, on ne fait pas grand-chose parce qu'on ne peut pas grand-chose. On ne va pas déplacer des montagnes, ni soulever des océans, ni remuer ciel et terre. Impossible ! On est normal.

Alors on bricole. On utilise une « boîte à outils », on fait de la plomberie, un peu d'électricité, on raccommode les rideaux, mais on reste chez soi. On n'ouvre pas la porte, ce serait bien trop risqué, on ne repousse pas les murs, on ne bâtit pas, on ne reconstruit pas plus grand et plus fort. Bricoleur, mais pas architecte.

Il n'y a plus ni souffle ni projet. Il n'y a ni grandeur, ni vision, ni ambition. C'est la fin de la politique. « Le courage est la première de toutes les vertus politiques », disait Hannah Arendt. Elle devrait être volonté, capacité et action. Elle n'est que passivité et renoncement.

La politique économique de la France en fournit une illustration parmi de nombreuses autres : quels sont nos objectifs et les moyens mis en œuvre pour les atteindre ? Que voulons-nous construire ensemble ? Cherchez, vous ne trouverez pas. Il n'y en a pas. Une telle doctrine devrait pouvoir s'exprimer en une phrase. Souvenons-nous de la gauche au pouvoir il y a trente ans. La France s'était alors engagée dans une politique de désinflation compétitive. Deux mots, un slogan, assumés par un gouvernement de gauche, et une mise en œuvre déterminée. Les oppositions étaient violentes, les critiques féroces, les procureurs nombreux, mais les hommes de gauche qui étaient aux commandes ont tenu le cap.

Aujourd'hui il n'y a plus de cap. On navigue à vue. On annonce que « la crise de la zone euro est derrière nous » en décembre 2012, quelques semaines avant que la crise chypriote éclate au grand jour. On annonce que « la reprise est là », en comptant sur la chance, en ignorant avec superbe tous les fondements de l'économie, en confondant

Éloge de l'anormalité

une hirondelle et le printemps, sans avoir ni défini ni mis en œuvre les mesures nécessaires au retour de la croissance. On annonce que « la courbe du chômage s'inverse », en s'appuyant parfois sur des statistiques erronées en raison d'un système informatique défaillant, en s'étonnant soi-même que cela soit possible, révélant ainsi une incompréhension totale des mécanismes économiques fondamentaux. On fait et défait un jour ce que l'on a fait la veille, et on se contente d'annonces jamais suivies d'effet ni jamais mises en œuvre. Nous sommes dans l'incantation, jamais dans l'action.

Le « pacte de responsabilité » annoncé en janvier 2014, s'il va dans la bonne direction, est l'illustration même de ce pilotage à vue. Il s'agit d'un changement de cap soudain et à cent quatre-vingts degrés de politique économique, avec un basculement d'un extrême à l'autre, d'une politique de la demande (non affirmée) à une politique de l'offre (non assumée), sans pédagogie ni mise en perspective. Surtout, le flou le plus absolu prévaut sur la manière de suivre ce cap et de mettre en œuvre avec succès les mesures annoncées : 15 milliards d'euros de réduction des dépenses publiques, qui s'ajoutent aux 20 milliards d'économies déjà annoncées lors de la mise en place du CICE. Aucune précision n'est apportée sur ces réductions de dépenses, aucune décision n'est prise, nul ne sait lesquelles, quand et comment, jetant ainsi un doute sur la capacité même à les réaliser. Cela explique sans doute, et comme toujours, le renvoi à plus tard (en 2016 et 2017 en l'occurrence) de mesures qui pourraient pourtant être enclenchées immédiatement. Ce qui compte, c'est de dire et non de faire. Dire, encore et toujours, en annulant ce que l'on a pourtant annoncé soi-même un an auparavant : la suppression des cotisations sociales familiales employeurs viendra ainsi se substituer au CICE, pourtant alors présenté triomphalement. Dire, en répétant à l'infini les mêmes annonces mais sans jamais les mettre en œuvre, comme le « choc de simplification » des normes. Ce qui est en jeu ici, c'est la crédibilité même de la parole et de l'action publiques. Le manque de vision d'ensemble (une seule mesure technique comme la suppression de cotisations sociales ne constitue pas en soi une politique économique), les revirements constants, les annulations successives des mesures annoncées ou prises, l'imprécision même des annonces, l'incapacité à les mettre en œuvre, tout cela contribue au discrédit public. Il n'en restera rien d'autre que des mots. Les conséquences politiques seront à terme dévastatrices. L'aveu de l'impuissance gouvernementale apparaît dans l'utilisation même du terme « pacte » de responsabilité, hérité du latin *paciscor* (« faire la paix »), comme si l'État était en guerre avec les entreprises, comme s'il devait transiger avec celles-ci

Cette impuissance repose sur deux piliers principaux : l'amateurisme et l'improvisation.

Éloge de l'anormalité

L'amateurisme, c'est tout d'abord le manque d'expérience gouvernementale des équipes en place. L'exercice du pouvoir est à la fois un art et une science. L'art de composer une ligne d'horizon, comme un tableau subtil et plein de nuances. Mais aussi la science du pilotage d'un avion gros porteur : savoir le faire décoller, suivre une trajectoire, décrocher, atterrir. Cela nécessite apprentissage, expérience, savoir-faire. Comme le pilotage d'un avion, l'exercice du pouvoir obéit à des règles, suit des procédures, exige rigueur et discipline. Or, pour la première fois sous la Ve République, ni le président de la République ni le Premier ministre, au pouvoir ensemble, n'ont exercé de fonction gouvernementale avant leurs fonctions actuelles. Et c'est le cas de trente-trois ministres sur trente-sept. Ce ne serait pas grave si ce manque d'expérience était compensé par la « deuxième ligne », celle des conseillers qui les entourent, mais ce n'est précisément pas le cas. Bien au contraire. Ceux-ci n'ont ni l'expérience du travail gouvernemental et interministériel, ni la connaissance et la compréhension du monde qui les entoure. La faiblesse de ces équipes chancelantes s'explique par la faiblesse de l'Administration, qui connaît elle-même une crise profonde depuis maintenant plusieurs décennies. Elle attire moins et ne sait plus retenir. Elle fournit les rangs, de plus en plus jeunes, des conseillers des ministres et est dirigée par des hauts fonctionnaires

Changer

qui conseillaient jadis l'actuelle opposition et que le pouvoir en place n'ose pas changer. Le *spoil system*, quand il est géré dans le respect des hommes et des institutions, a cet avantage de pouvoir s'appuyer sur une Administration qui propose, impulse, relaie. Ce n'est pas le cas lorsque les hauts fonctionnaires, dans leur majorité, s'opposent et freinent.

Le résultat ? Un cafouillage sans précédent – grippage du processus de décision intergouvernemental, conflits publics entre ministres... –, qui se traduit par une incapacité à décider et par des ratés inédits dans le processus législatif. En témoignent notamment les nombreuses censures constitutionnelles, soit sur le fond – par exemple la censure de la taxation à 75 % des revenus au-delà de 1 million d'euros de revenus annuels au motif qu'elle était contraire au principe fondamental d'égalité devant les charges publiques –, soit, pire encore, sur la forme. C'est ainsi, fait rarissime, que la loi sur le logement social a été censurée car adoptée selon une procédure contraire à la... Constitution ! Cet amateurisme apparaît dans tous les domaines. Autre fait rarissime, la France a ainsi interdit le survol de son territoire à l'avion d'un chef d'État, le président de la Bolivie Evo Morales... sans savoir ni vérifier qui était dans l'avion, sur la seule décision d'un membre de cabinet répondant à l'injonction des service secrets américains, au motif que Edward Snowden se serait trouvé dans cet avion et alors même que ce matin-là les autorités françaises protestaient contre les écoutes américaines dénoncées par ce même Edward Snowden ! C'est ainsi également qu'une adolescente kosovar, Leonarda Dibrani, reprendra le président de la République en direct à la télévision française quelques minutes après sa propre intervention...

L'improvisation, c'est l'absence de ligne stratégique, déjà évoquée. Ce n'est pas la gauche qui a gagné en 2012, mais la droite qui a perdu. Pour cette raison, la préparation de l'alternance ne s'est accompagnée d'aucune mise en perspective, d'aucune réflexion théorique, d'aucun projet. Il fallait laisser perdre l'adversaire sans surtout se dévoiler, sans prendre aucun risque. Quelle France voulons-nous demain, que voulons-nous construire ensemble ? Cherchez... Là encore, vous ne trouverez pas. Les responsables en place, hébétés, semblent appliquer jour après jour le dicton populaire : faire et défaire, c'est toujours travailler.

Des exemples ? Ils abondent, notamment dans le domaine fiscal. Aucune réflexion d'ensemble, aucune politique assumée, juste des mesures annoncées, testées, puis le plus souvent retirées car au mieux absurdes, au pire dangereuses. En témoigne le projet d'impôt sur l'excédent brut d'exploitation, qui aurait consisté au fond à pénaliser les entreprises qui investissent... Il est emblématique d'un mode de fonctionnement :

Changer

l'Administration propose tout ce qui lui passe par la tête sans considération d'efficacité ni filtre politique, les cabinets font suivre, les ministres reprennent sans comprendre... Exagération ? Caricature ? Non, juste la réalité. Le même scénario avait pourtant déjà prévalu un an auparavant avec la taxation des plus-values des entrepreneurs (dite des « pigeons »), annoncée puis retirée, mais aussi l'écotaxe, annoncée puis retirée, ou encore le crédit d'impôt compétitivité, véritable usine à gaz visant à réduire les charges sur les entreprises en septembre 2012 après les avoir augmentées en juillet de la même année, aux résultats finalement contraires au but recherché, adoptée puis remise en cause par ses propres auteurs...

Pour avancer, se développer, croître, il faut avoir envie. Ce désir, cette envie ne se décrètent pas. Ils dépendent de la confiance que les uns et les autres placent dans l'avenir. À l'évidence, la politique de l'incantation ne fonctionne pas, puisque les Français sont, en 2013, le peuple le plus pessimiste qui soit. Une étude réalisée par l'institut Gallup montre qu'on s'imagine dans l'Hexagone un avenir plus sombre qu'en Afghanistan ou en Irak. Du jamais vu depuis trente-cinq ans que cette enquête internationale existe. Trois pour cent des Français seulement estimaient alors que la situation allait s'améliorer dans les six mois à venir. La moitié des jeunes Français âgés de 18 à 35 ans veulent vivre à l'étranger et les deux tiers considèrent qu'ils vivent dans un pays en déclin.

Éloge de l'anormalité

Comment des citoyens qui ne croient pas dans l'avenir de leur pays peuvent-ils avancer, investir, consommer ? Ils ne le peuvent pas. Et un Président et un gouvernement qui attendent la reprise comme le retour du beau temps se condamnent à l'échec. Car c'est à eux de tracer des lignes de perspective, de dessiner un horizon qui contienne des reliefs, des objectifs, des étapes.

Ce qui est en cause, c'est la passivité du politique, qu'il soit incarné par l'hyperactivité stérile de certains ou la normalité d'autres.

Cette incapacité à réenchanter le monde ne date ni de ce Président ni même de son prédécesseur. C'est elle qui a contribué à propager et à populariser les thèses « déclinistes », selon lesquelles la France va moins bien qu'hier mais mieux que demain. Leurs prêcheurs ne rencontreraient pas une telle audience si le politique montrait le cap.

Normalité, banalité

Pour que la normalité devienne une excuse à l'immobilisme, il suffit de la mettre en scène. C'est la tâche des *spin doctors*, les docteurs en communication, qui occupent aujourd'hui une place centrale dans les dispositifs de pouvoir. C'est le triomphe de la société du spectacle dénoncée par Guy Debord : le but n'est rien, seule compte l'apparence... Tout dans la forme, la communication, rien sur le fond.

Changer

Les dirigeants occidentaux jouent ainsi au « chic type », à M. Tout-le-monde, avec un brio extraordinaire.

L'un entraîne lui-même l'équipe de basket de sa plus jeune fille le week-end, boit de la bière, dîne dans des restaurants populaires, se fait photographier avec ses filles en train de regarder son épouse à la télévision. Des gens vrais, vraiment-cool-et-humains, qui dirigent des vrais gens... Tout dans la communication, mais rien sur le fond. La normalité sans leadership. Le triomphe de l'apparence, d'autant plus dangereux politiquement que la victoire de Barack Obama avait suscité d'immenses espoirs, aujourd'hui déçus. Que restera-t-il de ces huit années à la Maison Blanche ? Rien ou pas grand-chose puisque aucun grand dessein n'existe, si ce n'est de rester un type « sympa ». La base de Guantánamo, symbole de non-droit, n'aura pas été fermée contrairement aux engagements pris. L'espionnage des dirigeants mondiaux et des données privées aura atteint un niveau inégalé et terrifiant, assumé par un Président démocrate qui, paradoxe suprême, sera ainsi celui qui aura donné corps à Big Brother. Le programme *Affordable Care* de couverture médicale universelle aura bien été adopté, mais sa mise en œuvre, improvisée et précipitée, aura tout gâché, obligeant le président des États-Unis à présenter des excuses publiques. Son attitude en Syrie, consistant là encore à atermoyer comme sur tous

Éloge de l'anormalité

les dossiers importants, conduira Bill Clinton lui-même à vivement critiquer son attentisme en juin 2013 et à déclarer qu'il passerait pour une « mauviette complète » s'il continuait à s'en remettre aux seuls sondages pour ne surtout pas intervenir en Syrie. Il avait gagné les primaires démocrates contre Hillary Clinton, en 2008, sur une promesse ambitieuse : faire de la politique autrement. C'est raté.

L'autre, lui aussi Président, s'acharne à montrer combien il est ordinaire. Il prend le train pour aller en vacances (sans bagages...), se promène à pied dans son quartier et fait ses courses lui-même, multiplie les blagues légères. Ordinaire... Cette normalité trouve son prolongement dans la notion de « proximité », qu'il faut valoriser à tout prix pour être là encore « proche des gens ». C'est le règne du socialisme municipal, des élus locaux et des anciens attachés parlementaires qui n'ont jamais été aussi nombreux dans un gouvernement et dans une mandature, et dont la vision du monde se confond parfois avec celle de leur terroir ou de leur arrondissement. Si le monde est un livre, beaucoup d'élus français n'en connaissent qu'une seule page ! Ils sont rivés depuis toujours à la politique politicienne, tournés vers les seuls enjeux locaux, avec une compréhension des enjeux globaux limités à leur circonscription et à quelques arrondissements de Paris. C'est peu. C'est le triomphe de la France des ronds-points, celle qui tourne en rond et se replie sur elle-même, au sens figuré comme au sens propre. Six milliards d'euros engloutis chaque année dans les ronds-points, dont près de deux sont consacrés à la seule décoration de ces magnifiques ouvrages publics : corbeilles en rotin remplies de coquillages, vaches en plastique paissant sagement sur de faux prés, sculptures abstraites, fusées, cerfs royaux en majesté, oiseaux géants prenant leur envol...

Aucun de ces responsables ne changera les règles du jeu politique. Celles-ci veulent qu'à terme le suivisme guidé par les sondages, la communication à outrance, la primauté donnée à l'apparence se révèlent inopérants. Communiquer n'est pas gouverner. C'est l'inverse qui est exact : gouverner, c'est aussi communiquer.

François Mitterrand en a fourni un exemple éblouissant avec l'abolition de la peine de mort. Candidat à l'élection présidentielle, il déclare le 16 mars 1981 lors de l'émission « Cartes sur table » : « Dans ma conscience profonde, je suis contre la peine de mort. Et je n'ai pas besoin de lire les sondages, qui disent le contraire. Une opinion majoritaire est pour la peine de mort. Eh bien, moi, je suis candidat à la présidence de la République et je demande une majorité de suffrages aux Français, mais je ne la demande pas dans le secret de ma pensée. Je dis ce que je pense, ce à quoi j'adhère, ce que je crois, ce à quoi me rattachent mes adhésions spirituelles, ma croyance, mon souci

Éloge de l'anormalité

de la civilisation : je ne suis pas favorable à la peine de mort. » Les sondages donnaient alors une majorité de 63 % de Français en faveur de la peine capitale. François Mitterrand sera pourtant élu le 10 mai 1981. Le 25 mai, il gracie le dernier condamné à mort, Philippe Maurice. Le 9 octobre, la loi d'abolition est promulguée.

Gouverner, ce n'est pas suivre l'opinion, chercher à lui plaire, c'est à l'inverse la devancer, tracer la voie, lui montrer le chemin.

Normalité, rejet

« Il n'y a pas de normes. Tous les hommes sont des exceptions à une règle qui n'existe pas », disait Fernando Pessoa. La norme n'est qu'une construction sociale.

À quoi sert la norme ? À distinguer, d'une manière ou d'une autre, ceux qui se situent en dehors du cercle tracé. Et ceux-là doivent être dénoncés, rappelés à l'ordre. On peut toujours unir le plus grand nombre de gens par les liens de l'amour à condition qu'ils en restent dehors pour recevoir les coups, disait Freud. Depuis une dizaine d'années, les dirigeants français, de droite comme de gauche, en France, produisent un discours de division et de rejet. C'est la stratégie du bouc émissaire. On cache son inefficacité et on cherche à mobiliser en dénonçant l'autre, le responsable, celui dont c'est la faute... Nicolas Sarkozy, quand il était en campagne et faisait la course en tête pour la présidentielle de 2007, s'adressait aux différentes « clientèles » électorales avec un souci du marketing assez éloigné des exigences de la République. Une fois élu Président, il a laissé exploser une violence verbale qui a désacralisé, durablement, la parole politique. Il n'a pas renoncé non plus à monter les Français les uns contre les autres, à mesure que sa cote de popularité s'étiolait. Les Français contre les immigrés, mais aussi les riches contre les pauvres, ou du moins les « travailleurs » contre les « fainéants ». La campagne menée contre les supposés « profiteurs » de la protection sociale n'était pas très éloignée de l'incantation caricaturale : « Salauds de pauvres ! »

La gauche s'applique à diviser dans l'autre sens. « Salauds de riches ! », s'exclame-t-elle sur tous les tons depuis des années. Au sens propre, puisqu'un ancien Premier secrétaire du parti socialiste avait ainsi déclaré sur France 2, dans l'émission « À vous de juger » en juin 2006, cette phrase étonnante : « Je n'aime pas les riches, j'en conviens. » Qu'est-ce qu'un riche ? Il précisera quelques semaines plus tard qu'il s'agit de quelqu'un qui gagne plus de 4 000 euros par mois, définissant ainsi ce qui lui paraît une norme acceptable. Le même populisme s'est exprimé en pleine affaire Cahuzac, quand le même dirigeant évoque « la nécessité d'une lutte implacable contre les dérives de l'argent, de la cupidité et de la finance occulte », alors que le seul responsable était un de

Éloge de l'anormalité

ses ministres, nommé par lui, et ancien dirigeant de son parti, et qu'il n'a lui-même rien vu ou rien voulu voir. Cette rhétorique rappelle furieusement celle des années trente, des « 200 familles » et du « mur de l'argent ». Comment comprendre autrement cette déclaration du coprésident du Parti de Gauche qui déclare au même moment sur le même sujet : « Que le peuple s'empare par une Constituante du grand coup de balai qu'il faut donner pour purifier cette atmosphère politique absolument insupportable ! » Comment ne pas être inquiet en entendant un homme politique invoquer la purification, comment ignorer toutes les connotations nauséabondes de ce terme ?...

Faut-il alors s'étonner, dans un tout autre registre, que le mariage pour tous, cette loi sur l'union des personnes de même sexe, ait failli mettre la France à feu et à sang ? Plusieurs années auparavant, deux pays très catholiques, l'Argentine et l'Espagne, ont pourtant légalisé le mariage des homosexuels sans le moindre heurt. Aux États-Unis, où les ligues de vertu sont promptes à s'enflammer pour le moindre écart à la morale chrétienne la plus stricte, Barack Obama a pu évoquer son engagement en faveur du mariage gay aussi bien dans la campagne présidentielle que lors de son discours d'investiture de janvier 2013. En France, l'exacerbation des tensions combinée à la lenteur du débat parlementaire, six mois d'un amateurisme coupable, a nourri une fracture sans précédent.

Changer

La collectivité nationale est un tout. Elle est composée de citoyens aux sensibilités et parcours différents, mais aussi des partis politiques, des syndicats, des associations, des entreprises, qui tous participent à la vie de la nation et contribuent aux avancées de la société. Le rôle d'un dirigeant est précisément d'unir et non de diviser, de porter chacun vers un dessein commun.

Vive l'exceptionnel !

La « normalité » a assez duré. Elle endort, asphyxie, paralyse. « L'état normal d'un homme est d'être un original », écrivait Tchekhov dans *Oncle Vania*. Rien, dès lors, n'est plus dévastateur que de vouloir gommer et annihiler ce qui fait que, par mon originalité, je suis moi-même et ne serai jamais un autre. Vanter la normalité, c'est nier jusqu'à l'identité même de l'homme.

Que serait-il advenu si l'on avait voulu à tout prix « normaliser » de Gaulle, Churchill ou Roosevelt ? Ils n'étaient ni normaux ni anormaux. Ils étaient exceptionnels. Et cela suffisait à les hisser à la hauteur des circonstances. Celles-ci exigent aujourd'hui des qualités hors du commun. De l'audace et du courage. De la créativité et de la foi, en eux-mêmes et en les autres. De la vision et un souffle. C'est précisément cette part d'exceptionnel que nous attendons de nos dirigeants. La politique doit renouer avec l'ambition de changer le monde, porter une part de rêve, l'affirmation d'un meilleur possible.

Du rêve et de la rage

Il faut redonner à la politique la place qui doit être la sienne. Pas celle d'un jeu médiocre et intéressé, pas la conquête du pouvoir pour le pouvoir puis sa préservation à tout prix. Mais celle de la promesse d'un monde meilleur.

Quel doit être aujourd'hui le contenu de cette promesse ?

Elle n'est plus de changer le monde, hélas, car le monde nous échappe désormais en très grande partie : il bouge, remue, évolue, avance et parfois recule, sous l'effet de forces multiples et contraires sur lesquelles nous n'avons que peu de prise.

Elle n'est plus de changer la vie – hélas, là encore, il n'y aurait pas de plus belle aventure –, car nous avons appris depuis Rimbaud qu'il s'agit d'une promesse trop abstraite et totale pour pouvoir être efficacement tenue.

Elle doit être de donner à chacun la possibilité de changer sa vie, de permettre à chacun de pouvoir agir sur sa vie et non plus de subir. De progresser et non de reculer. D'être sujet de son propre destin et non plus objet. Il s'agit là d'une ambition simple mais immense, dont la politique doit faire une exigence.

Cette vie, dans les sociétés capitalistes contemporaines, nous la subissons.

Elle est absurde, tout d'abord. Elle n'a pas de sens et n'est le plus souvent qu'aliénation. Pour reprendre l'image du *Mythe de Sisyphe* d'Albert Camus, quel sens y a-t-il à parcourir tous les jours, matin et soir, des années durant, les mêmes trajets, à pied, en métro, en train, en voiture, pour aller travailler, reproduire à l'infini les mêmes gestes, les mêmes tâches, sans maîtrise aucune sur sa propre vie ? « Il arrive que les décors s'écroulent. » Alors « le pourquoi s'élève et tout commence dans cette lassitude teintée d'écœurement ». L'absurde advient, la nausée s'installe. Notre univers apparaît pour ce qu'il est : « brûlant et glacé, transparent et limité ». Quel sens donner à une vie machinale, où la liberté n'est qu'apparente, où subir est la règle, où la mort et l'anéantissement sont les seules fins certaines ?... À quoi bon ? Il n'en restera rien. Pourquoi se soumettre à un système marchand qui prend, rejette, broie et n'entretient l'illusion du bonheur que pour masquer l'attente de la mort, faire la richesse de certains et maintenir d'autres au pouvoir ? Ce caractère absurde de l'existence est précisément la raison pour laquelle il ne faut pas renoncer. Il faut refuser ce qui est, et rejeter ce qui nous est imposé comme « norme » ou « règle ». Il faut donner du sens à quelque chose qui n'en a pas. Il faut se révolter contre ce qui est, dire non pour dire oui, affirmer l'urgence et la nécessité d'un autre – d'un meilleur – possible. C'est vrai pour l'individu comme pour la collectivité : ce qu'il faut, c'est affirmer la force de la volonté et donner du sens pour sortir de l'ennui et de la peur, se battre pour les valeurs qui sont les nôtres et qu'il nous appartient de définir puis de porter ensemble. C'est autant à l'homme de servir la société qu'à la société de le servir. Il y a urgence aujourd'hui à réinventer un destin commun, un lien qui nous unit et une espérance collective. Nous devons réapprendre à regarder ensemble dans la même direction et se réapproprier une part de rêve. À défaut, les dysfonctionnements du système – exclusion, inégalités, pauvreté –, la chute des idéologies et la disparition de tout espoir, qui sont la marque actuelle de notre société, la feront exploser en plein vol.

Cette vie est injuste, ensuite. Rien ne justifie les inégalités frappantes et croissantes entre les individus dans une même société. L'inégalité n'est en effet pas un phénomène naturel, mais un phénomène social. On naît petit ou grand, certes,

Éloge de l'anormalité

blond ou brun, mais avec le même potentiel et les mêmes droits. C'est l'environnement social qui distingue ensuite entre les individus et génère les inégalités : origines familiales et géographiques, milieu socio-professionnel, patrimoine initial, positions sociales... Le seul élément correcteur est le hasard, le hasard des rencontres – rencontre avec un professeur, un livre, une chanson... –, qui fait qu'une vie peut changer et basculer pour le meilleur. C'est ainsi une rencontre avec un instituteur qui fera du fils d'une mère illettrée et orphelin de père un prix Nobel de littérature, Albert Camus. Mais une société peut-elle reposer sur le hasard et les inégalités ? Comment accepter qu'un jeune né à Sarcelles vive dans la même société mais dans un autre monde qu'un autre né à Neuilly et qu'ils ne se croiseront probablement jamais car l'aiguillage social sera actionné non par leurs mérites respectifs mais par leurs origines sociales respectives ?

Je dirige une banque. Mon voisin de village est lui pêcheur de bar. Il n'était pas moins « bon » que moi à l'école, il m'était même largement supérieur. Il était d'ailleurs « meilleur » que moi en tout, comme musicien ou comme sportif, comme bricoleur ou comme mathématicien. Seuls deux éléments expliquent nos différences actuelles : l'environnement familial, ouvrant des horizons, et la chance – le hasard – d'une rencontre avec un professeur, encourageant et stimulant. Rien

Changer

d'autre. J'ai appris à maîtriser un langage et des codes, ceux du système, qui m'ont permis de progresser en son sein. Sans en être jamais dupe. Ni de ma position, liée à la chance, ni de mon « savoir-faire », qui n'est rien d'autre que l'apprentissage de codes particuliers – ceux du système – à l'image d'un langage informatique. En être dupe, c'est ne pas mesurer la part d'imposture liée à ces positions acquises. Cela ne signifie pas que mon ancien voisin et toujours ami est moins heureux que moi, ou que je suis plus heureux que lui. Simplement, il n'a pas eu la même chance que moi, celle de choisir, même si je suis convaincu qu'il la méritait plus que moi.

Il faut agir pour que tous puissent choisir et pour refuser la fatalité, ce tri social infondé qu'il faut combattre. La science, et notamment le biologisme, semble venir aujourd'hui au secours des conservateurs, expliquant que les inégalités font partie de notre patrimoine génétique, qu'elles sont donc « innées » et naturelles, et justifient les différences de parcours entre les individus. Il ne faut sous-estimer ni l'importance grandissante de ces thèses ni leurs applications concrètes dans notre vie quotidienne, qu'il s'agisse des politiques publiques mises en œuvre au sein d'une société ni dans les rapports futurs entre pays. Il suffit de voir l'utilisation que cherche à en faire la Chine pour en mesurer tous les dangers. Faut-il s'y soumettre ? Non, résolument non. Les généticiens eux-mêmes

Éloge de l'anormalité

considèrent qu'il n'y a pas de fatalité génétique, qu'il y a en chacun de nous une part irréductible, imprévisible et non quantifiable qui nous permet d'échapper à notre destin génétique. C'est au nom de cette part, même faible, qu'il faut refuser toute fatalité et considérer que tout est possible. C'est au nom de cette part qu'il faut chercher à corriger les inégalités, pour permettre à chacun d'échapper à un prétendu destin qui serait déjà tracé et pour construire son propre avenir.

Corriger les inégalités, les dénaturaliser, exige d'assurer l'égalité des chances comme l'égalité des places. Prenons l'image d'une course de cent mètres qui représenterait la vie. L'égalité des chances consiste à s'assurer que tous soient positionnés sur la même ligne de départ au commencement de la course : personne devant et personne derrière. Cela passe concrètement par un accès égal pour tous à l'école, au système de soins, à la sécurité…

L'égalité des places se mesure, elle, à la fin de la course. Elle ne conduit pas à pénaliser les premiers arrivés. Elle doit permettre de donner une seconde chance à ceux qui ont mal couru ou qui sont tombés. Elle repose notamment sur la formation permanente, dite toute au long de la vie, la mobilité sociale, la flexibilité des carrières…

Certains cherchent à discréditer cette valeur fondamentale qu'est l'égalité en la faisant passer pour ce qu'elle n'est pas : de l'« égalitarisme » ou

Changer

de l'« assistanat ». Ceux-là opposent l'« égalité » à la « méritocratie », comme si la première n'était pas la condition *sine qua non* de la seconde. Le mérite sans égalité des chances n'est que rente et darwinisme social. Ce contre quoi la politique doit se battre

Absurde et injuste, cette vie est courte – sans qu'il s'agisse là d'une caractéristique nouvelle... Elle passe, file, l'espace d'un souffle. C'est pourquoi il faut agir vite. Pourquoi attendre, pourquoi être patients ? Attendre quoi ? Il sera trop tard bien trop tôt. La question n'est pas de savoir ce que nous laisserons à nos enfants, mais de nous interroger sur ce que nous avons fait, nous, de nos rêves d'enfants. « Il faut choisir : se reposer ou être libre » (Thucydide).

Urgence à réagir

Il y a urgence à agir face à l'inefficacité actuelle des politiques en Europe. Les partis conservateurs ont échoué, leurs alternatives de gauche ont également échoué. Aucune option politique classique ne sera plus crédible bientôt. Les discours sur le changement et la rupture deviennent inaudibles et frisent le ridicule, ils conduisent les responsables de l'avant à dire que ce sera différent après et les responsables du pendant à dire qu'ils ne sont responsables de rien – la « faute aux autres », toujours...

Éloge de l'anormalité

Le résultat, inexorable, irrésistible, est la montée des extrêmes. Ils apparaissent comme la seule alternative possible, la seule qui mérite d'être tentée, car précisément ils n'ont encore jamais été responsables tout court.

Le phénomène gagne du terrain partout en Europe. Sans limites. Un député du parti néonazi grec Aube dorée a été exclu de l'hémicycle pour s'être écrié, en pleine séance de débat sur les questions d'actualité, « *Heil* Hitler ». Ce renouveau de l'extrême droite en Europe n'est pas nouveau et ne touche pas que les pays où la crise est la plus forte. Il a démarré au tournant des années 2000. En 1999, le FPÖ autrichien mené par Jörg Haider recueille près de 30 % des voix aux élections législatives et obtient de participer au gouvernement du chancelier Wolfgang Schüssel. Un an plus tard, aux Pays-Bas, Pim Fortuyn, pourfendeur de l'islam en particulier et de l'immigration en général, est élu député puis fonde son propre parti qui, avec 36 % des voix, arrive en tête des élections locales à Rotterdam de 2002. Il est assassiné quelques semaines plus tard. Les idées extrémistes, assises sur l'identité nationale, l'europhobie et le néopopulisme hostile à la mondialisation, y sont toujours vivaces et sont depuis portées par le mal nommé Parti pour la liberté, qui remporte 24 sièges aux législatives de 2010.

En Slovaquie, le Premier ministre Robert Fico n'hésite pas à prononcer des propos discrimina-

Changer

toires à l'encontre des minorités de son propre pays, au point de susciter, en février 2013, l'indignation du Parlement européen.

En Hongrie, les quelques centaines de militants du parti Jobbik qui ont défilé le 4 mai 2013 dans Budapest, à la veille de l'ouverture du Congrès juif mondial dans cette ville, ont écouté et applaudi les propos tenus par leur leader Gabor Vona à la tribune : « Nous, les Hongrois, sommes spéciaux en Europe. Pas parce que nous sommes la nation la plus antisémite, mais parce que si toute l'Europe est à leurs pieds, si toute l'Europe leur lèche les pieds, nous, nous ne le faisons pas. » Jobbik est la troisième force politique du gouvernement hongrois.

Régionalisme, xénophobie, refus de la mondialisation, les manifestations choquantes du repli sur soi le plus extrême se multiplient en Europe depuis le début de la crise économique et financière.

La France n'est évidemment pas épargnée. Certes, le Front national n'a pas émergé hier, mais dès la fin des années quatre-vingt. Le score de Jean-Marie Le Pen à la présidentielle de 1988 avait saisi les commentateurs politiques. De revers électoraux en surprises spectaculaires, tel ce second tour tétanisant de l'élection de 2002, le FN n'a jamais quitté le paysage politique français depuis. Ce qui est plus nouveau, c'est sa banalisation désormais totale, consacrée par les propos d'un

Éloge de l'anormalité

ancien Premier ministre conservateur mettant sur un même plan le parti socialiste et le Front national, et la montée de l'esprit des ligues telles qu'elles existaient dans les années trente. Les exemples sont multiples : Printemps français, Jour de colère et autres quenelles, mais aussi haut gradés de l'armée française manifestant en uniforme contre le mariage pour tous et déroulant des banderoles sur l'immeuble d'habitation où ils sont logés dans le 15e arrondissement de Paris. Il ne s'agit plus simplement de conservatisme social, d'expression d'une opinion, mais d'une véritable fronde réactionnaire, au sens d'une sédition contre le pouvoir en place pour restaurer à tout prix l'ordre ancien.

Penser et agir autrement

Il est urgent d'agir pour dire non à ce qui n'est rien d'autre qu'un nouvel obscurantisme Non à ce refus systématique de l'autre au seul motif qu'il est différent. Non à ces politiques de la haine et du rejet, à cet ordre social qui trie, classe et veut que rien jamais ne bouge. Notre société doit être au contraire ouverte et mobile, unie, moderne, une société du possible, une société où tout est possible pour chacun.

Il y a, pour agir, ce qui relève de l'action individuelle et ce qui relève de l'action collective.

Changer

L'action individuelle doit renouer avec l'engagement et en transformer le sens en profondeur. Dans une société en plein chaos, c'est l'affaire de chacun d'entre nous pris isolément, un mélange de critique radicale, de dérision corrosive, d'action résolue et de stratégie du choc. Elle doit s'inspirer du mouvement punk, né notamment dans l'Angleterre en crise profonde de la fin des années soixante-dix.

Il y avait dans ce mouvement un besoin urgent de vivre, non pas comme objet mais comme sujet de son propre destin, un désir de changer le monde, la conviction que notre action, dans l'urgence et la rage, pouvait y contribuer. Cette action individuelle tient en trois slogans, nés de ce mouvement, simples mais bien plus lourds de sens qu'ils n'y paraissent : « *No future* », « *Do it yourself* », « *Never surrender* ».

1. « *No future* » – *Donner du sens*

À quoi bon attendre ? Il ne se passera rien... À l'image des personnages de Beckett qui tournent en rond en attendant Godot qui ne viendra jamais, l'horizon est bouché, il n'y a rien à attendre, il n'y aura pas d'avenir heureux, il n'y aura pas d'avenir tout court.

La seule promesse est celle de la survie, des petits boulots, du chômage... « *No future* », chantaient les Sex Pistols dans *God save the Queen* : « *no future for you, no future for me* », pas d'avenir

Éloge de l'anormalité

pour toi ni pour moi dans une société bloquée et qui n'offre aucune perspective, si ce n'est l'ennui et l'asphyxie lente. Ce qui prévaut dans cette société, c'est d'une part l'ordre bourgeois, au sens des valeurs et de principes imposés par les bien-pensants – ces nouveaux bourgeois qui pensent que l'on peut « bien penser », qu'il existe une « bonne pensée » comme il existe une « mauvaise pensée » – pour que rien ne change jamais, et d'autre part un système marchand au sens d'une société du spectacle et de la consommation dont le seul objet est de divertir les individus au sens premier du terme – les détourner de la tristesse de leur condition. Face à ce constat du *No future*, formule définitive qui maudit le passé et emporte l'avenir, plusieurs attitudes sont possibles.

La première est de renoncer et subir, c'est-à-dire de continuer à attendre quelque chose qui ne viendra jamais et d'accepter – tout en le niant – le caractère absurde des choses.

La deuxième est d'abandonner, de se retirer du jeu, de considérer que « le monde tel qu'il est ne devrait pas être et le monde tel qu'il devrait être n'existe pas » (Nietzsche). Il n'existe aucun espoir et vivre n'a pas de sens. Ce nihilisme conduit à la destruction, à l'autodestruction et au suicide, « seul problème philosophique vraiment sérieux », selon les premiers mots du *Mythe de Sisyphe* d'Albert Camus. Les traductions littéraires sont nombreuses, de Cioran à Albert Caraco. Face

Changer

à l'absurde, « les subterfuges de l'espoir comme les arguments de la raison s'avèrent inefficaces » (Cioran). En matière musicale, il conduira à la naissance de la *Cold Wave* dans le prolongement du punk et au suicide en 1980 de Ian Curtis, chanteur de Joy Division, groupe emblématique et fondateur de ce courant.

La troisième attitude possible est à l'inverse celle de l'engagement, qui consiste à refuser ce qui est et à se battre pour le changer. Proclamer le *No future*, c'est en prendre conscience et vouloir inventer d'autres possibles. C'est dire non pour dire oui. La négation est positive, elle est politique, elle en appelle à la vie. C'est ce que disait le mouvement Dada, né de la tragédie de la Première Guerre mondiale : « Ce que nous voulions, c'était faire table rase des valeurs en cours, mais au profit justement des valeurs humaines les plus hautes » (Tristan Tzara). De même, l'ambition des situationnistes était de « changer le monde », selon l'expression de Guy Debord dans son *Rapport sur la construction de situations*. En matière musicale, c'est toute la force du courant porté dans le mouvement punk par le groupe The Clash, consistant précisément à refuser la fatalité et ce qui est, pour donner du sens et s'engager afin de changer le cours des choses. Comme le soulignait Greil Marcus dans son ouvrage sur le punk, *Lipstick Traces*, à propos de Johnny Rotten, le chanteur des Sex Pistols : « Il est réellement en train de dire quelque chose qu'il croit sincèrement en train d'arriver au monde et il le dit avec un venin et une vraie flamme. Il chante pour changer le monde. »

« *We are the future* », nous sommes le futur, l'avenir nous appartient si nous décidons de nous en saisir.

2. « *Do it yourself* » – *Agis par toi-même*

… ou, en abrégé, DIY. C'est le principe cardinal du mouvement punk, qui s'applique à tous les domaines de la vie. Il signifie que tout est possible, que l'on peut tout faire soi-même et par soi-même, sans peur ni limite – « *no fear no limit* ». C'est une invitation à l'action immédiate, à l'émancipation et à l'autodétermination. Ce principe est résumé dans un dessin publié en 1976 par un fanzine, *Sideburns*, véritable acte de naissance du punk, qui fait apparaître trois cases de haut en bas, avec dans la première case un accord de guitare sommairement présenté et la mention « Voici un accord », un deuxième accord est tout aussi sommairement présenté dans la deuxième case avec la mention « Voici un deuxième accord », puis un troisième et dernier dans la troisième case et la mention « En voilà un troisième ». Enfin la phrase finale : « Et maintenant forme ton groupe ! » Tout est dit : l'invitation à l'action sans connaissances, ni bases, ni techniques particulières. Tout le monde peut jouer, tout le monde peut agir, à condition de le vouloir.

Changer

Les Sex Pistols, les Clash et tant d'autres ne savaient pas jouer et pourtant ils ont contribué à changer le monde.

Comme le dit Joe Strummer, le chanteur des Clash dans le film qui lui a été consacré par Julien Temple (*The future is unwritten*) : « C'est à toi de prendre les devants, personne ne le fera à ta place. Même moche tu as ta chance. » Ce qui compte, c'est d'oser. Il ne faut pas se reposer sur les autres, ne pas dépendre des autres, ne rien attendre de personne, mais agir, encore et toujours, se battre et combattre. Il faut prendre conscience de sa capacité à agir, provoquer pour changer, choisir l'énergie de la liberté pour « vivre ses rêves et rêver sa vie » (Edgar Morin).

En ce sens, le DIY est également une invitation à la démystification de toute posture, qui n'est rien d'autre qu'une imposture, reposant sur une position acquise, un code, une technique ou un langage particuliers. Il ne faut être dupe de rien ni de personne, comprendre que derrière un jargon incompréhensible se cachent des choses simples et souvent contestables, qu'il suffit d'apprendre à maîtriser, ce que chacun peut faire, pour décoder et donner aux choses leur vraie valeur. « Le monde entier est un théâtre », disait Shakespeare, sachons au moins en reconnaître les comédiens… C'est la force du punk, selon l'expression citée par Fabien Hein dans son livre remarquable *Do It Yourself!* : « Plus aucun critère d'admission n'est valide ».

tout le monde peut entrer partout, il suffit de le vouloir.

Pour cela, il ne faut pas hésiter à casser les règles (« *break the rules* »), à forcer le système et à imposer son approche et sa vision, aussi singulières soient-elles. Il faut construire sa propre alternative, en se reconnaissant au moins autant de valeur, même différente, qu'aux autres. « Je suis contre ceux qui se plaignent mais ne foutent rien. J'ai envie que les gens se bougent, agissent, qu'ils nous voient et que ça les pousse à faire quelque chose », a déclaré Johnny Rotten (cité par Fabien Hein). « Nous savions qu'il existait un futur, à condition d'être prêt à y travailler nous-mêmes », a surenchéri Penny Rimbaud, le chanteur du groupe Crass.

3. « *Never surrender* » – *Ne te rends jamais*

Dans ce combat, il ne faut jamais se rendre. « Plutôt mourir debout que vivre à genoux », disait Albert Camus. L'échec est possible, probable, mais il faut se relever et poursuivre sans relâche. « J'ai joué, j'ai perdu, mais tout de même je l'ai respiré, le vent de la mer » (Saint-Exupéry). Pourquoi reculer alors que rien n'a de sens et que la mort, au bout, est certaine. Autant essayer, tenter, et pour cela faire preuve d'*aguante*, selon l'expression espagnole utilisée pour décrire l'attitude du torero face au taureau : « Ne pas fuir, ne pas reculer, ne pas rompre, ne pas ciller... » Il faut

Changer

faire appel à l'ambition, à la grandeur, et ne pas avoir peur. « Dans la paix comme dans la guerre, le dernier mot revient toujours à ceux qui ne se rendent jamais », comme nous l'a appris Clemenceau.

De l'audace

Il y a ce qui relève de l'action individuelle, de la capacité à agir de chacun, et ce qui relève de l'action collective. Celle-ci résulte à la fois d'un désir – celui de vivre ensemble dans une société unie par un même lien –, d'une ambition – celle d'accomplir ensemble quelque chose de plus grand et de meilleur demain qu'aujourd'hui – et d'une volonté – celle de réformer et de changer ce qui doit l'être pour atteindre cette ambition et maintenir ce désir de vivre ensemble.

Cette action collective nécessite du souffle et une vision, elle commande de répondre à la question de savoir pourquoi nous sommes ensemble et ce que nous voulons construire ensemble, mais elle exige aussi et surtout aujourd'hui de l'audace, le courage de dire et de faire, de s'attaquer aux positions acquises et à toute forme de rente, et de privilégier et récompenser le mouvement et le risque.

On cherche vainement aujourd'hui la trace d'une stratégie globale et cohérente, d'une vision

Éloge de l'anormalité

et d'une ambition. En ce début de siècle, nos dirigeants avaient le choix entre l'audace et l'enlisement. Ils ont opté pour l'enlisement Ils nous rappellent l'expression utilisée par le Président américain Roosevelt au début des années trente pour qualifier son prédécesseur Hoover : des « *do nothing* », des dirigeants qui n'agissent pas et ne se battent pas pour lutter contre la récession le chômage et la pauvreté.

Transportons-nous dans les États-Unis des années trente, touchés de plein fouet par une crise économique à l'époque sans précédent. Élu Président en 1932, Roosevelt démontrera ce qu'un dirigeant peut accomplir avec de la vision et du courage, et comment il est possible de renverser le cours des choses. Il débutera son discours d'investiture par cette phrase : « Permettez-moi d'affirmer la ferme conviction que la seule chose dont nous devons avoir peur est la peur elle-même – l'indéfinissable, la déraisonnable, l'injustifiable terreur qui paralyse les efforts nécessaires pour convertir la déroute en marche vers l'avenir. » Puis il livrera sa vision du monde et des erreurs commises par ceux qui ont précipité le pays dans la crise : « Leurs efforts portaient l'empreinte d'une tradition périmée. Ils en vinrent aux exhortations, plaidant la larme à l'œil pour le retour à la confiance. Ils ne connaissent que les règles d'une génération d'égoïstes. Ils n'ont eu aucune vision, et, sans vision, le peuple meurt. »

Changer

Roosevelt, lui, a une vision qu'il mettra en œuvre dans le cadre du New Deal. Celle-ci tient en trois mots : *Relief* (le soulagement), *Recovery* (la reprise), *Reform* (les réformes), le résumé d'une politique baptisée des « 3R ». Elle repose sur une assistance immédiate aux chômeurs et aux populations les plus touchées par la crise, des réformes audacieuses dans le domaine bancaire et financier notamment, et la relance de l'économie par des grands programmes d'investissement et le « réamorçage de la pompe » (*pump-priming*) par l'augmentation contra-cyclique des dépenses gouvernementales pour stimuler les dépenses privées.

Aux États-Unis, la Grande Dépression avait enfanté Roosevelt et son New Deal. En Europe, la Grande Récession a porté au sommet des dirigeants européens et nationaux qui ne constituent pas un progrès.

C'est un nouveau New Deal qu'il faut aujourd'hui. Il pourrait reposer sur les « 3E », trois réformes impératives à mettre en œuvre : faire l'Europe, réformer l'État et donner Envie de nouveau.

1. *L'exigence européenne*

La première des priorités, c'est l'Europe. Elle est à la fois une évidence et une nécessité. Nous avons une histoire commune – heureuse ou malheureuse –, des valeurs communes, une identité commune, nous devons maintenant construire un destin commun. Il existe une singularité européenne. Dans n'importe quelle métropole de la planète, je reconnais au premier coup d'œil un Européen. C'est sinon la preuve, du moins l'indice d'une particularité indéfinissable mais tellement ancrée. Dans un monde ouvert et mobile, où prévaut la loi des grands ensembles, nous ne pèserons qu'ensemble. Séparés, nous serons bientôt marginalisés dans la marche du monde ; ensemble, nous serons forts. Il n'existe aucune autre voie. Nous devons nous unir pour affirmer notre idéal commun, l'humanisme, la liberté, la croyance dans le progrès.

L'Europe souffre aujourd'hui d'un mal principal : elle est trop large et compte trop de pays, elle est mal conçue. L'élargissement s'est fait au détriment de l'approfondissement. Dans les années quatre-vingt-dix, à la suite de la chute du mur de Berlin, nous sommes tombés dans le piège américain, nous encourageant à intégrer de plus en plus de pays de l'ancien bloc de l'Est pour les amarrer à l'Occident. Cette stratégie a conduit en réalité et *a contrario* à affaiblir l'Europe. Nous nous sommes dilués au lieu de nous renforcer. De là découlent en effet les limites actuelles de l'Union : l'impossibilité de gouverner à vingt-huit, un faible niveau d'intégration avec des Europes multiples (zone euro, Schengen...), une idéologie libérale qui ne crée aucune solidarité, et au total une trop grande hétérogénéité entre les pays.

Changer

Cette hétérogénéité est la maladie structurelle de l'Europe et particulièrement de la zone euro. Elle nous fait courir un risque mortel. Pour faire court, quoi de commun entre l'Europe du Nord et l'Europe du Sud, entre l'Allemagne et le Portugal, entre l'Europe de l'Ouest et l'Europe de l'Est, entre la France et l'Estonie, en termes d'organisation de l'économie, de fonctionnement du marché du travail, de poids de l'industrie, de niveau d'épargne et d'investissement ? Rien ou pas grand-chose.

Imposer une politique unique dans de telles conditions est dangereux et inefficace. C'est contraindre les pays les plus fragiles aux ajustements les plus cruels. Le choix actuel oblige les pays les plus fragiles à devenir plus compétitifs en pesant sur les coûts et en les obligeant notamment à diminuer les salaires. Cette stratégie revient à pratiquer une dévaluation intérieure, qui conduit inévitablement à un appauvrissement généralisé. Comme les prix, eux, ne sont pas flexibles à la baisse, il en résulte une diminution du pouvoir d'achat qui renforce la récession, creuse le déficit budgétaire et augmente l'endettement. En effet, contrairement à ce que l'on peut croire, l'endettement total – public et privé – des pays européens n'a pas cessé de croître depuis 2007 et atteint aujourd'hui même des niveaux records : près de 230 % du PIB en France contre 180 % en 2007, 300 % du PIB en Espagne contre 250 % en 2007,

Éloge de l'anormalité

260 % du PIB en Italie contre 220 % en 2007. Dans ce cadre, les risques d'éclatement de la zone euro perdurent et n'ont même jamais été aussi forts : risques politiques et sociaux liés aux conséquences négatives des stratégies économiques mises en œuvre et à une trop grande divergence de richesses entre les pays membres, risques financiers résultant soit d'une dette publique insoutenable dans certains pays (Grèce, Italie), soit de secteurs bancaires frappés par la récession et à la limite de la rupture dans de nombreux pays en raison notamment d'un endettement privé excessif.

Les risques existent alors qu'un pays décide de sortir de la zone euro parce qu'il considérerait insupportables les conséquences de l'ajustement qui lui est demandé, ou qu'un pays soit sorti de la zone euro par les autres pays qui refuseraient de lui apporter le soutien financier nécessaire. Mais qu'un pays, même petit, sorte de la zone euro, et ce serait la fin de la monnaie unique. Nous aurions alors fait la démonstration que l'Europe n'existe pas, qu'il n'existe en réalité aucune solidarité entre les pays, qu'il suffit qu'un de ses membres soit dans la difficulté pour que la famille européenne l'abandonne au bord du chemin. La spéculation s'engagerait alors immédiatement contre les maillons faibles de la zone euro, les pays considérés comme les plus fragiles, et les précipiteraient vers la sortie dans un effet domino.

Changer

La fin de la zone euro serait la pire des régressions, contraire au sens de l'histoire et aux conséquences économiques, sociales et politiques dramatiques : repli, récession, rivalités, affaiblissement, effritement, marginalisation.

Poursuivre l'intégration, aujourd'hui inachevée, est donc la seule solution possible. C'est aller vers l'imagination, l'espoir, l'avenir. Je connais les doutes, le scepticisme, les sarcasmes, sur l'acceptabilité – supposée faible ou nulle – par les populations nationales d'un fédéralisme européen. Ils peuvent et doivent être dépassés. Quand John Kennedy annonce, d'abord devant le Congrès, puis, en septembre 1962, dans un discours prononcé à l'université Rice, son choix d'aller sur la Lune, les commentateurs ne manquent pas pour signaler que, cette fois, il a perdu l'esprit. « Nous choisissons d'aller sur la Lune, dit le président des États-Unis. Nous choisissons d'aller sur la Lune dès cette décennie, non pas parce que c'est facile, mais justement parce que c'est difficile, parce que poursuivre cet objectif servira à organiser et à mesurer le meilleur de nos énergies et de nos talents, parce que c'est un défi que nous avons envie de relever, que nous ne voulons pas différer, et que nous avons l'intention de gagner, comme tous les autres. » Moins de sept ans après, Neil Armstrong foulait le sol lunaire. L'Europe est notre conquête de la Lune. Elle est notre horizon. L'enjeu est au moins aussi important, puisqu'il

Éloge de l'anormalité

s'agit de s'inventer un avenir commun, de défendre le modèle qui est le nôtre, de renouer avec une croissance disparue depuis longtemps et sans laquelle rien n'est possible.

Il faut tout d'abord achever l'intégration financière, dans le prolongement naturel de ce qui existe déjà aujourd'hui. Celle-ci doit reposer sur une mutualisation des dettes et une solidarité budgétaire. La mutualisation des dettes signifie que celles-ci ne seraient plus émises par chacun des États européens, mais par un Trésor européen qui se substituerait aux Trésors nationaux et émettrait des obligations européennes – les *euro-bonds*. Les avantages seraient déterminants : rendre les dettes publiques européennes soutenables, car la solvabilité de la zone euro prise dans son ensemble est meilleure que celle de chacun des pays européens considérés isolément; réduire le coût de la dette et le taux d'intérêt moyen payé par les États, grâce à ce mécanisme d'assurance collective; mettre fin, une fois pour toutes, à la crise des dettes souveraines en empêchant les marchés financiers de spéculer et de parier sur un État contre un autre comme dans un casino. Un tel mécanisme permettrait ainsi une meilleure circulation des capitaux entre les pays européens, par la réduction des risques financiers, et donc une croissance plus soutenue et convergente entre les États.

Cette mutualisation financière doit se doubler d'une solidarité budgétaire, à l'image des méca-

Changer

nismes qui existent entre les États des États-Unis ou les Länder allemands. Elle peut prendre deux formes, d'effet équivalent : soit la mise en place d'un véritable budget européen composé de dépenses sociales liées au chômage, et de recettes dédiées comme un impôt sur les sociétés ; soit l'instauration de transferts budgétaires annuels entre États riches et États pauvres visant à égaliser le niveau de vie par habitant, comme le pratique chaque année l'Allemagne entre ses Länder. Une telle solidarité budgétaire permettrait une meilleure intégration de la zone euro, une plus grande convergence des économies et aurait un effet stabilisateur évident.

Le coût de ces mécanismes de mutualisation financière et de solidarité budgétaire, qui doivent naturellement s'accompagner de dispositifs visant à veiller au respect des règles communes par chacun, serait sans comparaison avec les coûts bien supérieurs d'une nouvelle crise ou d'un éclatement de la zone euro, et largement inférieur aux gains que l'on peut attendre compte tenu de l'effet de relance de la croissance.

On le voit, la politique monétaire unique, seul pilier européen aujourd'hui, doit impérativement s'accompagner d'un pilier financier mais aussi d'un pilier économique. Cela exige une plus grande articulation et coordination des politiques économiques entre les États européens – que les pays qui peuvent relancer, grâce à un déficit budgétaire

Éloge de l'anormalité

et une dette publique soutenables, le fassent au profit de l'ensemble de la zone – et la mise en œuvre d'une politique de change européenne. L'Europe est en effet le seul espace économique au monde à ne pas avoir de politique de change, rien ni personne n'en étant institutionnellement responsable, ce qui explique le niveau haut et surévalué de l'euro par rapport aux autres monnaies. Nous avons rendu les armes, sans combattre, dans la guerre monétaire en cours : tous les grands États pèsent ainsi sur le niveau de leur monnaie pour être plus compétitifs à l'exportation, et substituer ainsi de la demande extérieure à une demande intérieure défaillante... tous, à l'exception de l'Europe. Il appartient à la Banque centrale européenne de mener une stratégie active dans ce domaine, quitte à élargir les missions qui sont les siennes par une modification des Traités, en mettant en œuvre une politique monétaire plus expansionniste, comme l'a fait la Banque centrale du Japon en injectant plus de monnaie dans l'économie.

À l'évidence, une plus grande intégration économique et financière doit s'accompagner d'une meilleure gouvernance et d'une plus grande intégration politique. L'Europe est à un tournant de son histoire. Elle doit changer de dimension. La paix est désormais un acquis de la construction européenne. Nous devons aller au-delà. C'est maintenant que nous devons définir une nouvelle frontière et faire de l'Union une véritable nation.

Changer

Dans sa célèbre conférence sur « Qu'est-ce qu'une nation ? » prononcée à la Sorbonne en 1882, Renan définissait la nation comme reposant certes sur son passé : une nation, c'est « la possession en commun d'un riche legs de souvenirs », d'un « long passé d'efforts, de sacrifices et de dévouements », de « gloires communes ». Mais il soulignait que, plus que son passé, ce qui fait une nation c'est le présent : « le consentement actuel, le désir de vivre ensemble ». Ce qui compte, c'est la volonté d'hommes et de femmes, riches d'un héritage commun, de former une nation. Et il ajoutait : « L'homme n'est esclave ni de sa race, ni de sa langue, ni de sa religion [...]. Une grande agrégation d'hommes [peut créer] une conscience morale qui s'appelle une nation. » C'est à nous aujourd'hui qu'il appartient de faire vivre une telle volonté en Europe. Nous avons un drapeau, un hymne, une monnaie. Cela ne suffit plus. Il faut aller au-delà et doter l'Europe d'un Président élu, d'un Parlement représentatif et efficace, d'une armée, d'une diplomatie avec des ambassades uniques à l'étranger...

Réinventer l'Europe suppose également de renoncer au dogme libéral sur lequel elle s'est bâtie, et qui s'est imposé dans tous les domaines, des critères de Maastricht à la politique de la concurrence. Et de refuser la sacro-sainte pureté budgétaire, qui amplifie les crises et empêche le retour à la croissance. À la place, de nouvelles soli-

Éloge de l'anormalité

darités sont à inventer, ce qui doit conduire à réfléchir en termes d'emploi, de lutte contre les inégalités et la pauvreté. Mettre en place, par exemple, un salaire minimum européen et empêcher le dumping fiscal et social par une harmonisation des normes et règles en la matière.

Au-delà de l'intégration politique, il faut enfin affirmer et défendre le génie européen, prendre conscience de la fierté et de l'émotion qu'ils suscitent, et pour cela encourager par des actions communes l'art et la culture, et s'intéresser au talent et à la créativité.

Comment parvenir à une telle révolution dans une Europe à 28 États membres, si facilement paralysée, ou dans une zone euro à 18 États membres, si difficiles à faire évoluer ensemble? Précisément en prenant acte de ces blocages incessants et en s'appuyant sur le couple franco-allemand. Que la France et l'Allemagne, moteurs évidents et historiques de la construction européenne, prennent l'initiative et donnent l'exemple en définissant, entre elles deux, des règles de fonctionnement mutuel prévues pour durer et conduisant à l'intégration. Partons d'un noyau originel. Les autres, ceux qui veulent suivre, suivront – ou pas.

Un tel mouvement pourrait s'engager avec des mesures simples, comme le fait que le ministre des Finances français vienne présenter le budget de l'État chaque année devant le Bundestag et que son homologue allemand fasse la même chose devant le Parlement français, ou encore que chaque gouvernement comprenne au moins un membre de l'autre pays – un ministre de la Coordination ou de l'Intégration.

Au-delà du symbole, c'est un gage donné à l'Allemagne et un acte de transparence facile à interpréter dans toute la zone euro. Mais cet axe franco-allemand, dont tout le monde parle et que personne ne sait décrire, n'aura de substance que si la France accepte une réforme des traités et décide, enfin, de se lancer dans des réformes structurelles de grande ampleur. Pas seulement pour restaurer sa crédibilité à l'égard de son partenaire allemand, mais surtout pour se donner les moyens de renouer, à long terme, avec une croissance forte et durable.

2. *La nécessaire réforme de l'État*

Nous connaissons tous les blocages de l'économie française. Le premier d'entre eux est de subir les coûts du travail les plus élevés en Europe, près de 30 % supérieurs à la moyenne de la zone euro, qui dégradent notre compétitivité compte tenu du faible niveau de gamme de notre production. Les entreprises françaises produisent en effet des biens peu sophistiqués qui subissent directement la concurrence des pays à bas coûts de production. Non seulement ces coûts du travail sont élevés, mais en plus ils ne sont pas flexibles. C'est

Éloge de l'anormalité

le second blocage, lié au mauvais fonctionnement du marché du travail, rigide et non concurrentiel, qui ne permet notamment pas au salaire de varier en fonction de l'évolution du chômage, de la compétitivité ou de la profitabilité des entreprises. La conjonction de ces deux phénomènes conduit au troisième blocage : la trop faible profitabilité des entreprises françaises. Leurs profits sont écrasés par des coûts de production trop élevés et des prix qu'elles doivent maintenir bas – ou même baisser – si elles veulent continuer à vendre. Le résultat est sans appel : les profits des entreprises françaises ne représentent que 7 % du PIB, contre près de 12 % en Allemagne, au Royaume-Uni ou aux États-Unis... Pire, ils baissent continûment : – 15 % dans l'industrie au cours des dix dernières années. Leur taux d'autofinancement, c'est-à-dire leur capacité à financer leur activité seules, est de 70 %, l'un des taux les plus bas parmi les grands pays, à comparer à plus de 120 % en Allemagne, au Royaume-Uni ou aux États-Unis.

Ce que la gauche française doit comprendre, ce que nous devons tous comprendre, c'est que le profit est un élément essentiel de la croissance, qui permet aux entreprises d'investir et de se développer. Il est fondamental d'avoir des entreprises profitables, puis de veiller à la bonne répartition de ces profits entre investissement, salariés et actionnaires. Les conséquences de la médiocre profitabilité des entreprises françaises sont hélas

Changer

bien connues : faiblesse de l'effort d'innovation, recul de l'investissement, absence de modernisation, baisse des parts de marché de la France dans le monde...

Ces blocages peuvent et doivent être surmontés grâce à des réformes courageuses et de grande ampleur. Jusqu'alors, tous les gouvernements, sans exception, ont choisi de s'attaquer aux symptômes sans toucher le mal lui-même. Il faut en finir avec les grands mots et les petites mesures, qui n'ont aucun effet réel, font peur d'abord et déçoivent ensuite. Ce qu'il faut, c'est, à l'inverse, une véritable action de salut public dans quelques domaines ciblés. Citons-en trois :

– le marché du travail, tout d'abord, doit être réformé à l'image de ce que l'Allemagne a fait au début des années 2000 avec les lois Hartz adoptées par le gouvernement Schröder. Répondant au principe *Fördern und fordern* (« Inciter et exiger »), ces lois ont visé à renforcer la recherche d'emploi, à inciter les chômeurs à accepter un emploi et à encourager l'activité professionnelle notamment pour les femmes et les seniors. Il faut, en liaison avec les syndicats, des accords « salaires contre emplois » qui permettent de faire évoluer les salaires en fonction de la situation économique.

– le logement, ensuite, dont les prix très élevés affectent notre compétitivité. C'est en France que les prix de l'immobilier ont le plus progressé (+ 55 % par rapport à l'évolution du salaire moyen depuis 1995) et que les loyers pèsent le plus dans le revenu des ménages. Ces prix élevés freinent la consommation des ménages, poussent les salaires à la hausse, et introduisent un biais négatif dans les politiques de placement conduisant à favoriser l'immobilier par rapport au capital des entreprises. Une distorsion amplifiée par de nombreuses incitations publiques et notamment fiscales, antiéconomiques et encourageant la formation d'une rente immobilière, auxquelles il devrait être mis fin.

– l'éducation, enfin, doit être repensée. Elle est aujourd'hui une machine à trier et à recruter les élites. Cela conduit à une dégradation continue de la qualité de l'enseignement, comme le montrent les enquêtes de l'OCDE, et à un gigantesque gâchis humain. Près d'un Français sur cinq sort du système scolaire sans aucun diplôme ni qualification, contribuant ainsi à l'inadéquation entre l'offre et la demande de travail, et à la hausse du chômage structurel. La France n'a jamais résolu l'équation grandes écoles/universités : les élites fuient les facultés, les écoles privées prospèrent. C'est donc à une évolution en deux temps de l'enseignement supérieur qu'il faut procéder : d'abord faire évoluer les facultés vers un enseignement général de qualité, sans spécialisation précoce, à l'image des *undergraduate studies* américaines ; puis créer des masters professionnalisants, qui conduisent eux à une spécialisation et favorisent une bonne insertion dans le

Changer

marché du travail, en partenariat avec les grandes écoles Bref, éviter que tous ceux qui ont raté pour telle ou telle raison un concours d'entrée se retrouvent en licence de sociologie...

Nous pourrions poursuivre la liste des réformes de structure nécessaires presque à l'infini. Mais il en est une, prioritaire, à mener d'urgence. La mère de toutes les réformes, c'est celle de l'État.

La France a, après le Danemark, le niveau de dépenses publiques le plus élevé de l'OCDE : plus de 55 % du PIB contre 45 % en Allemagne. Elle a en conséquence le niveau de pression fiscale le plus élevé. La hausse continue des dépenses publiques s'explique à la fois par une faible efficacité de l'Administration, mais également par le poids particulier de certains postes de dépenses : militaires, familiales, de retraite... Les effets de tels niveaux de pression financière publique sont bien connus : baisse de l'investissement et de la consommation privés, hausse de l'endettement... Autant d'éléments défavorables à l'offre et à l'emploi. Cette pression a atteint des niveaux insoutenables, dont les conséquences ne sont plus seulement économiques mais politiques. Il ne faut pas s'étonner des réactions de rejet lorsque, dans une crise sans précédent, 1 million de foyers deviennent soudainement contribuables en 2013 alors qu'ils ne l'étaient pas l'année précédente... ou lorsqu'un célibataire payé à un salaire proche du smic voit son impôt sur le revenu bondir de

Éloge de l'anormalité

40 % entre 2008 et 2012. Il ne suffit alors plus de dire que l'on fera demain l'inverse de ce que l'on a fait aujourd'hui. C'est au mieux une politique de gribouille, au pire un mensonge.

Il est donc urgent de réduire les dépenses publiques. Il n'y a pas d'autre voie : augmenter davantage les impôts pour réduire les déficits aurait un effet dramatique et immédiat sur la croissance. C'est bien à la dépense qu'il faut s'attaquer, mais de manière raisonnée, choisie et sélective, avec ténacité, sans toucher celles qui ont un impact positif sur la croissance à long terme (éducation, santé, grandes infrastructures).

Là encore, le recours à quelques mesures cosmétiques, sans vision d'ensemble, est inutile. Pour croire à l'avenir, les Français ont besoin de changement profond, même s'ils montrent une préférence pour le *statu quo*. Deux options, de natures différentes, auraient un effet symbolique fort et des conséquences économiques immédiates : la suppression des départements et une solidarité ciblée.

La suppression des départements doit être mise en œuvre sans attendre et ce quels que soient les conservatismes. Le département est une invention révolutionnaire, qui date du 22 décembre 1789. Il y a deux cent vingt-cinq ans, le moyen de déplacement le plus rapide était le cheval. Et, comme chacun sait, les départements ont été découpés de manière à ce qu'un cavalier puisse accéder à une

Changer

sous-préfecture en moins d'une journée de cheval. À l'heure de la voiture et d'Internet, est-il raisonnable de conserver une telle subdivision administrative, alors que lui ont été adjointes au-dessus la région et au-dessous les communautés de communes ?

Nous avons empilé les couches administratives, à l'image d'un millefeuille, sans nous montrer capables de les alléger quand les circonstances l'exigent. Simplifier et rationaliser l'organisation des collectivités locales, mutualiser les services entre elles, permettra de très importantes économies immédiates.

Officiellement, la suppression des départements est inenvisageable. Pourquoi ? Parce que l'Association des départements de France, que l'on peut raisonnablement considérer comme le lobby le plus favorable à leur existence, a rendu son verdict : impossible. C'est une étude commandée en 2009 par cette association qui l'affirme. Que dit-elle ? D'abord qu'il faudrait transférer à d'autres la gestion des allocations de solidarité comme le RSA... La belle affaire ! Les communautés de communes et les régions peuvent évidemment s'en charger. Elle ajoute ensuite qu'il faudrait trouver de nouvelles bases fiscales pour financer ces prestations... Faux, puisqu'il s'agit d'un simple transfert, et que les bases fiscales restent les mêmes ! Elle prétend enfin qu'il faudrait partager entre les collectivités les dettes portées

Éloge de l'anormalité

par les départements et engendrées par la construction de collèges ou la rénovation de routes... Là encore, c'est d'une grande simplicité ! Les préfectures notamment le font à longueur de dossiers à l'occasion du redécoupage des communautés de communes, qui s'est déroulé dans le plus grand silence, peut-être parce que les représentants de ces collectivités récentes n'ont pas encore eu le temps de se constituer en groupe de pression. Bref, il s'agit là d'un exemple parfait de conservatisme français !

De même faut-il parallèlement organiser une fusion des plus petites communes. La France regroupe 36 672 communes, soit près de la moitié (40 % exactement) des municipalités de l'ensemble de l'Union européenne. À titre de comparaison, l'Allemagne en compte 12 000 et l'Italie 8 000. Aux États-Unis, avec un territoire 14 fois plus étendu et une population 5 fois plus grande, il y en a 35 900. Les communes françaises, par ailleurs, sont toutes ou quasiment toutes fédérées au sein d'une communauté, qui gère désormais l'essentiel de leurs compétences. Dans ce cas, le transfert ne semble pas non plus avoir posé de problèmes insurmontables. En revanche, les conseils municipaux, le personnel chargé de les seconder, les coûts de fonctionnement inhérents à la plus petite des mairies, eux, perdurent...

La suppression des départements enverra un signal fort de réforme. L'aération des structures publiques provoquera un formidable appel d'air aux acteurs privés.

Seconde nécessité : une solidarité ciblée, ce qui signifie la fin de l'égalité au nom de la solidarité. C'est en 1946 que la République a proclamé l'universalité des prestations sociales. C'était un autre siècle. La France peut-elle aujourd'hui se permettre, sans dommages, de verser les mêmes allocations familiales à une famille d'ouvriers et à un ménage de cadres dirigeants ? Un couple qui gagne 150 000 euros par an a-t-il besoin de toucher 128,57 euros par mois pour élever ses deux enfants ? C'est là encore un mauvais choix qui a été fait en juin 2013, par manque de courage, de réduire le plafond du quotient familial plutôt que de placer les allocations sous conditions de ressources. Il est temps de décider que les plus favorisés, précisément au nom de l'égalité, n'auront plus accès à certains privilèges, pour eux homéopathiques mais qui pèsent lourd sur l'ensemble de la collectivité nationale. Outre les allocations familiales conditionnées à un certain niveau de revenus, le remboursement des dépenses de maladie devrait être soumis à une franchise pour les plus hauts revenus. Les retraites devraient être plafonnées, à charge pour les plus aisés de s'assurer un complément si c'est leur choix. Celui-ci, en tout cas, ne doit pas peser sur les comptes sociaux.

Éloge de l'anormalité

3. *Redonner l'envie*

1486 : le roi Jean II de Portugal, qui veut poursuivre la politique d'exploration de l'Atlantique lancée par son grand-oncle, Henri le Navigateur, envoie Bartholomeu Dias croiser le long des côtes africaines. L'objectif est de trouver une route maritime pour la soie et surtout les épices, puisque la voie terrestre n'est plus praticable depuis la prise de Constantinople par les troupes ottomanes en 1453. Le navigateur quitte Lisbonne en août 1487, et y accoste de nouveau en décembre 1488. Entre-temps, il a doublé le cap de Bonne-Espérance, après avoir affronté treize jours de tempête et une mutinerie de l'équipage. Dix ans plus tard, il accompagne Vasco de Gama et pose pied à terre en Inde. Puis, en 1500, il participe à l'expédition qui mène à la découverte du Brésil.

Pendant ce temps, Christophe Colomb a réussi à convaincre Isabelle la Catholique, souveraine d'Espagne, de monter l'expédition que l'on sait.

Ce qui caractérise ces aventures extraordinaires qui ont changé la face du monde ? La curiosité, le goût du risque et de l'aventure, et surtout l'envie. L'envie de découvrir et d'entreprendre. L'époque, portée par les grandes découvertes techniques et scientifiques, s'y prêtait. Les souverains encourageaient et finançaient les expéditions coûteuses.

Notre époque s'y prête également. Elle est, en termes de découvertes, aussi féconde que le fut

Changer

la Renaissance. Internet, les biotechnologies, les nanotechnologies sont autant de vecteurs propices à l'innovation. Ils forment autant de nouveaux mondes à découvrir. C'est dans ce cadre que les gouvernements doivent de nouveau porter cette part de rêve et d'aventure, donner envie, partager une ambition.

Mais, pour donner envie, avoir du souffle, il faut d'abord et avant tout en avoir soi-même... ne pas être repu, ne pas être satisfait de soi, ne pas considérer le haut poste qu'on occupe comme un dû mais comme un privilège, vouloir combattre pour changer les choses... Il faut aussi comprendre comment fonctionne le monde et sortir de la culture de la défiance si répandue actuellement. Il faut encourager le risque et pénaliser la rente, favoriser l'esprit d'entreprendre sous toutes ses formes.

Depuis des années, la gauche, en France, porte une responsabilité particulière dans cet immobilisme criant. Se perdant dans ses courants, repliée sur elle-même, elle a refusé de s'ouvrir et n'a jamais accepté le réel. Il y a pourtant urgence, sauf à se rendre coupable de cette faillite terrible : n'avoir pas su (re)penser le monde à l'aune du marché. Dès les années quatre-vingt-dix, les leçons de l'histoire, de l'échec de la planification à la chute du mur de Berlin, l'indiquaient sans appel : il n'y a pas de démocratie sans marché ; il n'y a pas de marché sans démocratie. La chute de

Éloge de l'anormalité

Lehman Brothers en 2008 a, elle, montré qu'il ne fallait pas laisser le marché seul face à lui-même, sauf à ce qu'il devienne autodestructeur et dévastateur pour nos sociétés. Il faut faire avec ces deux évidences, et en tirer les conséquences. Réfléchir aux chemins possibles pour encadrer le marché, le réglementer, avec comme objectif la maximisation du bien-être collectif, la réduction des inégalités et de la pauvreté. C'est l'une des différences fondamentales entre les gauches française et allemande. La seconde a accepté, à deux reprises au moins, de prendre le réel à bras-le-corps. En 1959, au congrès de Bad Godesberg, elle a abandonné la référence au marxisme pour accepter l'économie de marché. En 2003, sous l'égide de Gerhard Schröder, elle s'est résolue à des réformes structurelles, notamment sur le marché du travail, qui aujourd'hui encore sembleraient inacceptables en France. Une fois dépassé le stade du déni, la gauche française a pourtant un rôle déterminant à jouer : inventer les réglementations qui imposent au système de l'équité et de la stabilité, encourager l'esprit d'entreprendre. Il devrait ainsi lui appartenir de fixer les principes d'un interventionnisme raisonné : ni démission ni étatisation.

Il faut ensuite recréer du lien, du liant, entre les individus, renouer avec tout ce qui fait qu'une société bat d'un même pouls. Il faut donner l'envie de vivre ensemble, de partager les mêmes espoirs, les mêmes ambitions, la même volonté, les mêmes craintes parfois aussi. Et pour cela cesser d'opposer les uns aux autres, de diviser, de dénoncer tel ou tel comme bouc émissaire. Dans leur livre sur *La Société de défiance*, les économistes Yann Algan et Pierre Cahuc montrent combien les Français se défient les uns des autres dans des proportions bien plus importantes que les autres peuples. Cette suspicion généralisée ne se manifeste pas seulement entre les individus, mais aussi entre les grands acteurs sociaux et institutionnels. Les salariés regardent avec méfiance les entreprises, qui accordent peu de crédit à l'État, lequel suspecte les patrons… La bureaucratie comme les rigidités du code du travail trouvent par exemple leur origine dans ce défaut bien français, qui anéantit l'esprit de coopération. L'étatisme et le corporatisme sont, assurent les auteurs, les deux terreaux qui alimentent la défiance. Cette société de défiance doit se réformer, retrouver les bienfaits de la coopération et du crédit accordé à l'autre, qu'il s'agisse d'un individu ou d'une institution. Rien ne sera possible sans un accord sur des valeurs communes fortes, telles que l'égalité, la solidarité, la récompense du mérite, la croyance en un avenir – collectif et individuel. Rebâtir l'édifice est une lourde tâche, tant l'idée toute simple selon laquelle l'exemple vient d'en haut a été battue en brèche.

Qu'a-t-on retenu de l'actualité française en 2013 ?

Éloge de l'anormalité

Que le ministre du Budget, chargé de dire la loi fiscale, a dissimulé un compte bancaire en Suisse et a menti à la nation.

Que le grand rabbin de France, chargé de dire la loi religieuse, s'est livré à des plagiats répétés et à une falsification de ses diplômes.

Que le Premier ministre appelle « courage » le fait d'abandonner sous la pression une réforme qu'il venait lui-même d'annoncer...

Si des hommes censés porter une parole symbolique forte se montrent aussi défaillants, qui croire ? Il appartient pourtant aux dirigeants d'agir. Le paradoxe n'est qu'apparent. Ils doivent être exemplaires et porter le pays : lutter contre la « scupidité » – la cupidité stupide et improductive –, protéger les plus faibles et dans le même temps valoriser la prise de risque. Chacun doit pouvoir croire en sa chance à un moment ou à un autre.

De ce point de vue, l'histoire pèse lourd. Yann Algan et Pierre Cahuc ont montré que les Français détiennent au moins un record mondial : ils sont plus nombreux que n'importe quel autre peuple à penser qu'ils vivent dans une société pyramidale. Il n'y a qu'un Américain sur deux pour partager ce même sentiment, et un Norvégien sur... sept. Il en résulte une grande circonspection vis-à-vis de l'initiative en général et des entrepreneurs en particulier.

Cette exception française trouve d'abord ses racines dans l'histoire. Dans une société féodale,

Changer

jacobine, reposant sur l'autorité du monarque, qu'il soit royal ou républicain, il n'existe pas de place pour l'esprit d'initiative. Il suffit d'avoir lu Stendhal pour se souvenir que, au XIXe siècle encore, les espoirs d'ascension sociale ne passaient que par le rouge (l'engagement militaire) et le noir (la carrière ecclésiastique), pas par l'initiative économique. C'est cela qu'il faut changer. À la fois parce que l'investissement qui en résulte est une condition indispensable de la croissance, mais aussi parce que c'est le moyen unique de donner à chacun sa chance. C'est pour cette raison qu'il faut désormais tout faire pour favoriser le risque et frapper la rente. Il n'y a pas de politique plus juste et plus efficace. Cela passe notamment par des mécanismes renforcés d'incitation à l'innovation et à la création d'entreprise, la reconnaissance d'un droit à l'échec (et la suppression par exemple du fichier tenu par la Banque de France qui fait de tout entrepreneur qui a connu des difficultés un paria), une réforme fiscale qui rééquilibre la taxation du travail et du capital en encourageant le travail et le capital vivant (celui qui s'investit de manière productive) et pénalisant à l'inverse le capital mort (l'immobilier, les placements sans risques) ainsi que toute forme de rente.

Mais cela passe également par l'éducation, qui joue un rôle clé. La créativité se pratique et se cultive. « Le besoin d'imaginer, de créer, est aussi fondamental que celui de respirer », soulignait

Éloge de l'anormalité

Ionesco. La D-School, à l'université de Stanford en Californie, ou le Hasso-Plattner-Institut, à l'université de Potsdam en Allemagne, ont ainsi développé le *design thinking*, la « pensée créative ». L'objectif est de former des groupes d'étudiants venant de disciplines différentes qui résolvent des problèmes complexes grâce à la mise en commun de leurs compétences et la diversité de leurs points de vue. « Développer une pensée latérale de son domaine de compétences », « continuer de chercher quand les autres ont renoncé », « vouloir changer les choses », « aimer regarder plus loin que le bout de son nez », « apprécier le travail d'équipe » sont quelques-unes des caractéristiques requises pour suivre ces programmes. « Nous recherchons des profils en forme de T », expliquent les responsables du programme de Potsdam. Dans le T, le pied vertical représente la compétence principale, celle pour laquelle l'expertise est très grande, et la barre horizontale les savoir-faire complémentaires. À Stanford, où la *D-School* (pour école de design, où « design » qualifie une manière de penser particulière, plus plastique, plus tournée vers l'innovation) existe depuis plus longtemps, l'apprentissage de l'innovation emprunte ses méthodes à trois champs différents : la technologie et les sciences de l'ingénieur tracent les frontières de la faisabilité ; l'univers artistique et les sciences sociales apprennent à lancer des idées sans retenue et à les mettre en forme ; le monde de l'entreprise dessine des impératifs de viabilité. Les cours qui y sont dispensés peuvent surprendre. « Réformer le gouvernement par la pensée créative » commence par explorer les besoins de la collectivité et évaluer les capacités de l'Administration au changement. « *Designing life, essentially* » s'adresse aux étudiants qui ont le sentiment d'être excellents lorsqu'il s'agit de conseiller les autres sur les choix importants de leur vie, mais auxquels ce talent fait cruellement défaut quand il s'agit d'eux-mêmes. « *Understanding superfans and their heroes* » entend décrypter le lien qui existe entre un héros et ses admirateurs, en s'appuyant sur l'hypothèse que les succès durables, dans l'entreprise, dans la politique ou dans l'univers du divertissement, sont toujours construits sur l'existence d'une fascination.

Ceux qui savent prendre des risques pour eux-mêmes, sans menacer l'intégrité des autres, se trouvent aux avant-postes de la société. Ils la font avancer parce qu'ils créent le changement. La capacité non seulement à accompagner le changement, mais aussi à l'anticiper ou à le provoquer, se cultive également à partir de modèles de réussite qui peuvent inspirer les plus jeunes. Leur montrer que des personnes comme elles ont réussi à conduire le changement, dans leur vie, dans une activité ou dans le monde, c'est communiquer le plus fort des messages : réaliser ses rêves, c'est possible.

Conclusion

Ce qui est en cause aujourd'hui, c'est l'existence même de notre système démocratique.

L'incapacité à faire face à la crise, à lutter contre la pauvreté et le chômage, la croissance explosive des inégalités, la dégradation continue des grandes infrastructures, la recherche du profit immédiat, la médiocrité des dirigeants, leur manque de souffle, de vision, d'ambition, les scandales à répétition, l'absence de grand dessein collectif, tout cela fait peser un risque sans précédent sur la démocratie. Nous pouvons brutalement découvrir qu'elle est mortelle.

En ce début de siècle, la démocratie a fait la malheureuse démonstration qu'elle ne garantit pas en elle-même et par elle-même le bien-être collectif et le fonctionnement harmonieux de la société.

Nous traversons à la fois une crise de la compétence et une crise de confiance civique. Comme l'a souligné Christopher Lasch dans *La*

Éloge de l'anormalité

Révolte des élites, ce n'est pas seulement le jeu des institutions qui importe dans une démocratie moderne, mais aussi la capacité des dirigeants et la vertu des citoyens.

Nous avons laissé le marché s'immiscer dans chaque aspect de nos vies. Pas seulement dans le commerce et l'échange, mais également dans l'éducation, la santé... Le marché est maître, nous sommes ses esclaves. Le marché est universel, mais fragmente nos vies. Nous sommes devenus indifférents au « vivre ensemble » et nous sommes repliés sur nous-mêmes, abandonnant nos responsabilités et laissant aux autres le champ public – c'est-à-dire à personne ou alors aux ennemis de la démocratie, extrémistes, fanatiques, populistes...

Le mal est tellement profond que nous sommes passés du rejet de l'autre au rejet de soi, embarqués dans une dépression sans fin.

Dans ce grand désordre, les politiques ont une responsabilité particulière. L'arrivée de la gauche au pouvoir en juin 2012 m'a fait passer de l'enfance à l'âge adulte. Je croyais en la politique, je considérais qu'elle était engagement et courage, qu'il était possible par l'action de transformer les choses, de changer la vie. Ces espoirs se sont évanouis, la part de rêve a disparu. Dix ans d'attente, de combat, pour rien.

La gauche est frileuse et sur la défensive dans tous les domaines : économique – appelant à la

Conclusion

démondialisation et au protectionnisme –, politique et démocratique – ne s'engageant pas dans le projet européen et la modernisation des institutions –, social – ne luttant pas contre les conservatismes et les corporatismes, ne favorisant plus la réduction des inégalités, la mobilité sociale et le renouvellement des élites –, technologique – brandissant le principe de précaution en permanence. La gauche était ma famille, elle m'a beaucoup apporté et je lui dois beaucoup. Elle le reste, mais elle m'a désormais appris à avancer par moi-même, à ne plus compter sur elle.

Ces échecs ne sont bien sûr pas l'apanage de la gauche. La droite a également fait la démonstration de son incapacité à agir et de sa capacité à diviser. C'est le débat politique en général qui flirte aujourd'hui dangereusement avec le populisme, consistant à répéter des slogans idéologiques creux, à aller systématiquement dans le sens des électeurs sans jamais tracer de ligne d'horizon les invitant à se dépasser. On gagne toujours à court terme en s'adressant à ce qui est le plus facile à l'homme, mais on perd à coup sûr à long terme. Notre société est devenue à l'image du discours de nos politiques : il n'existe plus de responsabilités, plus de devoirs, plus d'exigences, mais que des droits, des acquis, des rentes à protéger. Nous sommes devenus une société de petit-bourgeois où seule compte la préservation de l'existant et où prévaut le mépris et parfois la haine de l'autre,

Éloge de l'anormalité

celui qui est différent. C'est le règne de l'Homme moyen, pour reprendre une expression de Gilles Châtelet (*Vivre et penser comme des porcs*), celui qui est envie, lâcheté, conformisme, celui qui « se sent insulté par tout ce qui le dépasse, qui dénonce comme élitiste toute démarche éloignée de [ses] affairements, celui qui est effarouché par tout ce qui pèse et qui décide, qui est scandalisé par la violence de tout ce qui tranche ».

Il est urgent de réagir. Notre démocratie doit être repensée et refaire ses preuves. Il faut tout à la fois inventer une nouvelle éthique citoyenne, fondée autant sur les devoirs et responsabilités que sur les droits, permettre un dialogue entre tous, accepter le marché mais en limiter le champ, protéger les plus vulnérables et encourager l'initiative individuelle, donner du sens. Face à une gauche qui n'incarne plus l'idée de progrès et une droite qui ne l'a jamais incarnée, il y a une voie nouvelle à inventer, une voie progressiste. À chaque problème ou question qui se pose, il doit exister une réponse progressiste. Loin du culte de la normalité.

J'aime les taches et les impuretés, tout ce qui donne du relief et fait ressortir la beauté de l'ensemble, tout ce qui est anormal. Elles sont nécessaires. « La marge, c'est ce qui fait tenir les pages ensemble », disait Jean-Luc Godard. « À bas la dictature des normaux », écrivait le FHAR (Front homosexuel d'action révolutionnaire) dans

Conclusion

son *Rapport contre la normalité* en 1971, qui rejetait « toute idée de déformation, de défaut, par rapport à la norme obligatoire », et qui faisait référence aux évolutions idéologiques qui ont conduit au fil des siècles à l'enfermement ceux considérés comme « fous » ou ceux dont les modes de vie ou de pensée apparaissaient comme une transgression pour l'idéologie dominante du moment.

Nous vivons des temps de crise, exceptionnels de gravité. « Notre monde n'a pas besoin d'âmes tièdes, il a besoin de cœurs brûlants » (Camus). Chassons la normalité, renouons avec l'exceptionnel.

Table

Introduction 7

PREMIÈRE PARTIE
La faillite du politique

Le laboratoire grec 23
La farce chypriote 35
L'obsession de l'équilibre 47

DEUXIÈME PARTIE
Un nouveau monde

À la recherche de la croissance perdue 69
Les inégalités, jusqu'où ? 83
La troisième guerre mondiale 95

Éloge de l'anormalité

TROISIÈME PARTIE
Changer

Bienvenue à Normaland	117
Du rêve et de la rage	135
De l'audace	153
Conclusion	183

*Cet ouvrage a été composé et imprimé par
CPI Firmin Didot à Mesnil-sur-l'Estrée
pour le compte des Éditions Plon
12, avenue d'Italie
Paris 13ᵉ
en avril 2014*

Imprimé en France
Dépôt légal : mars 2014
N° d'impression : 122695